JOHANN KRAUNES

52 KURZGESCHICHTEN, DIE IHR LEBEN VERÄNDERN WERDEN

avocado verlag

Für Fragen und Anregungen
info@avocado-verlag.de

Klimaneutral
Druckprodukt
ClimatePartner.com/18373-2201-1001

Bibliografische Information der Deutschen Nationalbibliothek:

Die Deutsche Nationalbibliothek verzeichnet diese Publikation in der Deutschen Nationalbibliografie; detaillierte bibliografische Daten sind im Internet über http://dnb.dnb.de abrufbar.

Originalauflage, 2. Auflage 2023

Layout und Satz: Bernadett Linseisen (schere.style.papier), München

ISBN: 978-3-9824290-9-0

Inhaltsverzeichnis

1. EINLEITUNG

Es gibt keinen Zufall!

Selbst das scheinbar belangloseste Erlebnis in Ihrem Leben kann einen tieferen Sinn in sich tragen ...

Gerade in einer Zeit, in der immer mehr Menschen den Sinn Ihres Lebens zu verlieren scheinen oder nach ihm suchen, klingen diese Worte der Erkenntnis geradezu erlösend. Doch sie sind nicht das Ergebnis moderner, naturwissenschaftlicher Forschungen oder Vorstellungen, sie sind die zwingende Schlussfolgerung einer griechischen Philosophie, die heute mehr als 2.000 Jahre alt ist: Dem Stoizismus.

Wer hätte es gedacht? Die Theoreme heutiger Astrophysiker, die einen Big Bang als Ursprung des Universums postulieren, für die jedoch die Zusammenhänge der inneren Prozesse des Lebens bis heute immer noch ein ungelöstes Rätsel darstellen, werden durch die tiefgründigen Gedanken und Schlussfolgerungen griechischer Philosophen aus der Antike herausgefordert.

Es ist faszinierend und atemberaubend zugleich: Die Stoiker waren weit davon entfernt, die Weiten des raumzeitlichen Universums mithilfe von Hightech-Teleskopen zu erkunden, wie es heute möglich ist. Und trotzdem erhielten sie einen tiefen Einblick in die Strukturen der Natur und des menschlichen Lebens. Das zeigt einmal mehr, dass der Mensch alles in sich hat, um das Leben und seine universelle Verbundenheit selbst zu ergründen und die Prinzipien, die er dabei erkennen kann, in praktisches Leben umzuwandeln: Gelebter Stoizismus.

Ein glückliches, sinnvolles Leben in Harmonie mit kosmischen Prinzipien: Das ist das Ziel der Stoa. Diese Worte sind schnell ausgesprochen – doch was bedeuten sie jenseits der philosophischen Theorie?

Wollen Sie heute den Weg des Stoikers beschreiten, dann ist ein Umdenken erforderlich, denn viel zu weit hat sich die moderne Gesellschaft von den Vorstellungen und Lebensprinzipien des Stoizismus entfernt. Doch je mehr die Konsum-Mentalität mit all ihrer Schnelllebigkeit den Sinn des Lebens geradezu aufzusaugen scheint, desto stärker und inniger erscheint auch der Wunsch der Menschen, zu einem authentischen Lebenssinn und einer authentischen Lebensführung zurückzukehren.

Wahre Erkenntnisse sind immer zeitlos. Sie tauchen auf und verändern die Welt. So sind die Kernaussagen der Stoiker, die Sie in diesem Buch kennenlernen werden, natürlich auch in anderen philosophischen Denkgebäuden wiederzufinden, wie z. B. im Buddhismus oder im chinesischen Taoismus. Der eingangs zitierten stoizistischen Aussage, dass es keinen Zufall gäbe, liegt eine Erkenntnis zugrunde, die von dem vielleicht berühmtesten Vertreter dieser philosophischen Denkschule, dem römischen Kaiser Marcus Aurelius, einst sehr deutlich formuliert wurde. In seinen „Selbstbetrachtungen" (Vgl. 1) überlieferte er der Nachwelt eine kurze Formel, die einen der fundamentalen Grundgedanken des Stoizismus ausdrückt:

„Alles ist wie durch ein heiliges Band miteinander verflochten. Nahezu nichts ist sich fremd. Alles Geschaffene ist einander beigeordnet und zielt auf die Harmonie derselben Welt."

Daraus resultiert, dass der leider beharrliche Glauben an Zufälliges im Leben der Unkenntnis aller zu einem Ereignis führenden Kausalitäten entspringt. Alles ist durch einen inneren Sinn miteinander verbunden. Marcus Aurelius führt in seinen „Selbstbetrachtungen" (Vgl. 2) weiter aus:

„Aus allem zusammengesetzt ist eine Welt vorhanden, ein Gott, alles durchdringend, ein Körperstoff, ein Gesetz, eine Vernunft, allen vernünftigen Wesen gemein, und eine Wahrheit, so wie es auch eine Vollkommenheit für all diese verwandten, derselben Vernunft teilhaftigen Wesen gibt."

Auch wenn sich die meisten Menschen im Alltag wohl selten derart tiefgründige Gedanken über Gott und die Welt machen, sind nicht wenige von ihnen vielleicht in ihrem Innersten ihren Wünschen nach Stoiker. Seit der Zeit zwischen 300 v. Chr. und 250 n. Chr., in der die griechische Schule des Stoizismus florierte und sich ihren festen Platz in den antiken Weltanschauungen Griechenlands und Roms eroberte, ist eine lange Zeit vergangen. Doch die erste Maxime der Stoiker kann heute aktueller nicht sein: Leben in Harmonie mit sich selbst und der Natur.

Wenn Sie sich auch danach sehnen und Ihr Leben gleichmütig, ruhig, ausgeglichen und gelassen, anstatt unruhig, hektisch und gestresst führen wollen, haben Sie bereits den ersten wichtigen Schritt getan, um ein Stoiker zu werden. Dann sind Sie stoisch. Sie streben danach, als menschliches Individuum seinen Platz im Leben zu finden, und diesen Platz durch Ihr Denken und Handeln so gut wie möglich auszufüllen. Doch um das zu schaffen, ist es notwendig, eine gewisse Disziplin der Selbstbeherrschung zu praktizieren, mit der es Ihnen leichtfällt, das Schicksal und seine Unebenheiten anzuerkennen. Francois Rabelais, der weltberühmte französische Humanist, Philosoph und Dichter des 15. Jahrhunderts, der selbst der Stoa sehr nahestand (Vgl. 3), drückte es einmal wie folgt aus: „Ducunt volentem fata, nolentem trahunt", was übersetzt bedeutet: „Den Wollenden führt das Schicksal, den Nichtwollenden zieht es."

Mit seelischer Ruhe und Gelassenheit stehen dem Stoiker dann die Tore weit offen, die ihn zu Erkenntnis und Weisheit führen können. Für den Konsummenschen von heute bedeutet das eine innere, mentale Abkehr von vielleicht sehr liebgewonnenen Gewohnheiten und Lebensweisen. Als Herleitung aus den stoizistischen Prinzipien, die Ihnen im weiteren Verlauf noch in allen Einzelheiten vorgestellt werden, besteht der Kerngedanke der menschlichen Ethik darin, zu erkennen, dass wirkliches und dauerhaftes Glück niemals durch äußere Dinge determiniert wird.

Ganz im Gegenteil: Glück ist das Resultat Ihrer inneren Lebenseinstellung und Ihrer eigenen Fähigkeit, auf der Grundlage der Vernunft und ihrer Prinzipien zu denken und zu handeln. Unerschütterlichkeit und eine geistige Präsenz auch in widrigen Lebenslagen, für die Stoiker so bekannt sind, sind eine Tugendhaftigkeit, die aus Ihnen selbst kommen kann ...

Wenn Sie diese zu kultivieren wissen. Und genau darum geht es in diesem Buch.

2. EINFÜHRUNG *in den Stoizismus*

Der Begriff „Stoizismus" bzw. „Stoa" bezeichnet eines der einflussreichsten philosophischen Denkgebäude, die dem christlichen Abendland aus der Antike überliefert worden sind.

Begründet wurde die Stoa von dem hellenistischen Denker Zenon von Kition, auch als Zenon der Jüngere bekannt, um das Jahr 300 v. Chr. (Vgl. 4). Leider sind keine seiner Originalwerke erhalten geblieben, doch es ist anhand späterer Quellen rekonstruierbar, dass er nach dem Besuch mehrerer philosophischer Schulen und nach einem Studium, welches 11 Jahre gedauert haben soll, um das Jahr 300 herum selbst mit dem Lehren der Philosophie begann. Da für die regelmäßigen Unterweisungen an seine Schüler jedoch keine geeigneten Räumlichkeiten zur Verfügung standen, traf man sich in einer „bunt bemalten Halle aus Säulen", die griechisch „Stoa poikilē" genannt wird. Diese befand sich auf der berühmten Agora, dem großen Marktplatz des antiken Athens. Die Philosophen, die sich dort trafen, wurden als Stoiker bezeichnet.

Wann aus der Stoa eine organisierte Schuleinrichtung wurde, ist den Historikern jedoch nicht bekannt. Eine der bedeutsamsten Quellen über die Frühzeit des Stoizismus stellt Diogenes Laertios dar, dessen Schriften zahlreiche Geschichten aus dem praktischen Leben der Stoiker enthalten (Vgl. 5). Es wird auch berichtet, dass Zenon ein hagerer und in Askese lebender Mann gewesen sein soll. Zenon starb im Jahre 262 oder 261 v. Chr. auf ungeklärter Weise.

Der asketische Aspekt des Stoizismus ist hervorzuheben. Die sogenannte Kathekon-Lehre der Stoa behandelt das tugendhafte Handeln des Menschen und die ihm gesetzte Aufgabe, nicht seinen Begierden zu folgen. Dem schließt sich eines der wichtigsten Ideale des Stoizismus an: die Apatheia, unter der man ein Handeln versteht, welches nicht aus Affekten heraus geschieht. Das betrifft all jene emotionale Reaktionen des Menschen auf die Wechselhaftigkeit des individuellen Schicksals. Wer dem Leben in jeden Tiefpunkt, aber auch Höhepunkt bereitwillig nachfolgt, wird den negativen Folgen eines solchen Handelns ausgesetzt. Allem in Abwesenheit von Affekthandlungen ruhig zu begegnen, Schmerz und Lust gegenüber gleichermaßen indifferent zu bleiben, das bedeutet Apatheia, und letztlich auch Erkenntnis und Weisheit höherer Zusammenhänge von Mensch und Kosmos (Vgl. 6).

Der stoizistische Idealzustand entspricht mit anderen Worten der Vernunft, zu der der Mensch nach Ansicht der Stoiker befähigt ist. So kann ihm die Vernunft den Weg in eine herrschaftsfreie Gesellschaft ebnen, die das ist, was im antiken Kontext als „Anarchie“ bezeichnet wurde (Vgl. 7). Anarchie im stoizistischen Sinne ist allerdings weit entfernt von dem heutigen Wortsinn. Sie bedeutet nicht das bestimmten Normen zuwiderlaufende Ausleben von Schmerz, Lust und Begierden nach Gutdünken des Einzelnen, sondern steht für eine Gesellschaft auf der Grundlage der Vernunft, so wie sie in den Schriften vieler antiker Philosophen definiert und verstanden wurde. Aus diesem Grunde legen die Stoiker ein besonderes Augenmerk auf ein harmonisches Miteinander, aber auch auf Seelsorge, die dem Menschen Seelenruhe bereitet.

2.1 DIE KOSMOLOGIE DER STOA

Wie den Worten des römischen Philosophen-Kaisers Marc Aurels, die eingangs vorgestellt wurden, zu entnehmen ist, stellt der Stoizismus mehr dar als nur ein sinnvolles Lebenskonzept für den Alltag. Vielmehr sind die moralischen und ethischen Prinzipien, um die es später noch genauer gehen wird, die logische Folgerung aus bestimmten kosmologischen Vorstellungen und grundlegenden Erkenntnissen. Dabei ist es wichtig, zu betonen, dass der Stoizismus nicht gänzlich abgespalten von antiken griechischen Vorstellungen vom Kosmos zu betrachten ist.

Die Stoa betont die Notwendigkeit, die für den Menschen besteht, die Welt auf der Basis einer Ganzheitlichkeit zu erfassen. Alles gehört zusammen, auch wenn es in der physikalischen Welt nicht so erscheint. Aber auch alle zu beobachtenden Naturphänomene und wirkenden Naturgesetze lassen für den Stoiker den Schluss zu, dass ein göttliches Prinzip alles durchdringt und alles nährt (Vgl. 8). Solange der Mensch dieses allzeit und überall waltende universelle Prinzip und die Zusammenhänge mit seinem eigenen Leben nicht erkennt, kann er auch als Individuum seinen Platz im Kosmos nicht finden. Je näher er diesem Ziel bzw. Idealzustand kommt, desto mehr gelingt es ihm, seine Aufgaben zu meistern und diesen vom Schicksal gegebenen Platz auszufüllen. Bekanntlich kennt die antike griechische Auffassung vom Kosmos ein großes Götterpantheon, durch das Naturkräfte und natürliche Prinzipien, aber auch Gesetzmäßigkeiten, personifiziert werden. Wie auch das römische Reich war Griechenland die Heimat zahlreicher Kulte. Die Verehrung galt Gottheiten wie Zeus, Athena, Kronos, Hera, Apollon und anderen. So verstanden sich auch die Vertreter der Stoa als Polytheisten, d. h. als Philosophen, die nicht nur an eine Gottheit, sondern an mehrere Gottheiten glaubten.

Sie mögen sich an dieser Stelle die Frage stellen, wie dies nun mit den ganzheitlichen Vorstellungen in Einklang zu bringen ist. In der modernen Zeit ist dem Begriff „Polytheismus“ eine ganz besondere Komponente abhandengekommen, die den Kulturen der Antike noch sehr bewusst war: Die Verehrung mehrerer Gottheiten schließt nicht die Existenz oder die Verehrung einer göttlichen Ganzheit aus. Polytheismus ist somit nicht die Gegenthese zum Monotheismus, weshalb Historiker und Religionswissenschaftler zahlreiche Elemente stoizistischer Lebensführung in jüdischen und christlichen Schriften vorfinden. Anders als heute oft vermutet oder fehlgedeutet, bezieht sich der Polytheismus in all seinen Varianten auf die Verehrung von Naturkräften als einzelne Erscheinungsformen einer ganzheitlichen göttlichen Intelligenz (Vgl. 9).

Die Stoiker haben das Ziel, die Welt ganzheitlich zu erfassen, und zwar über alle für sie erkennbaren und nachvollziehbaren Naturerscheinungen, sowie gesetzmäßigen Zusammenhänge (Vgl. 10). Die Welt ist ein kausales Ereignis, bei dem alle Teile Ausdruck oder Manifestation eines waltenden universellen Prinzips sind. Aus diesem Grunde hat der Mensch für den Stoiker einen festen Platz in dieser Welt, der ihm zugewiesen ist. Es gilt, diesen Platz in der göttlichen Ordnung zu erkennen und voll auszufüllen. Die Schicksalsergebenheit der Stoiker ergibt sich dann aus einer perfektionierten Selbstbeherrschung und Seelenruhe, was im stoizistischen Sinne als Ataraxie bezeichnet wird. Die daraus resultierende Offenheit gegenüber der Welt hat dazu geführt, dass der Stoizismus in einer sich ständig verändernden Welt überlebt hat und nicht mit seinen Gründern ausstarb.

Diese Kernaussagen sind unverwechselbar und lassen sich daher in vielen Religionen wiederfinden. Man bezeichnet die kosmologischen Vorstellungen der Stoa als „Affirmationsphilosophie“, die sich z. B. ganz grundlegend von der in der Antike ebenfalls weit verbreiteten Gnosis unterscheidet (Vgl. 11). Tatsächlich stellen Stoa und Gnosis zwei antagonistische Weltgebäude dar. Während die Affirmationsphilosophie der Stoiker postuliert, dass alles in dieser Welt letztlich so vonstattengeht, wie es sein soll, lehnen die Gnostiker diese Haltung kategorisch ab. Für sie ist die Welt das Ergebnis einer „Abwärtsbewegung“, eines Falls, eines großen Übels, welches überwunden werden muss. In einem stoizistischen Schriftfragment findet sich z. B. folgende kosmologische Aussage (Vgl. 12):

„Das All, das Ganze besteht aus zwei Prinzipien, dem wirkenden Prinzip und dem leidenden Prinzip. Das leidende Prinzip ist die Wesenheit, die Materie, die selbst qualitätslos ist; das in ihr wirkende Prinzip ist der Logos, das auch Gottheit genannt wird. Diese ist ewig und durchdringt diese somit auch ewiglich. Auf diese Weise werden die einzelnen Dinge gestaltet."

2.2 LOGIK, ETHIK UND LEBENSFÜHRUNG

Der Stoa zufolge geht die Welt aus einem Urfeuer hervor, welches sie Aither nannten. Aus diesem entsteht das Seiende, d. h. die Hyle, die Materie, belebt durch einen Logos, der die göttliche Vernunft darstellt und den gesamten Kosmos durchwirkt (Vgl. 13). Doch der Logos durchwirkt nicht nur die Welt, er ordnet sie auch, erhält sie und lenkt die beseelten Dinge in ihr. Er ist das Prinzip, welches ihr Maß verleiht, Gesetzmäßigkeiten festlegt und ihr letztlich Ziel und Sinn gibt. Aber das gilt nicht nur für die irdische Natur, die Geschichte der Welt, sondern auch für die Gestirne, die jedes für sich, dem göttlichen Logos bzw. seiner Logik folgen. Er ist der Geist des Ganzen im Kleinen. Da das Ganze immer eins ist, ist auch der Logos eins. Und dieses Eine äußert sich in der Logik, die in den Vorstellungen des Stoizismus eine große Rolle spielt.

Aufgrund der Tatsache, dass sich der Logos in der menschlichen Welt in allem und durch alles äußert, sei es gut oder schlecht, sind alle Dinge vorherbestimmt. Im Stoizismus spricht man dabei von der Vorsehung, griech. „Pronoia", lat. „Providentia". Die Schlussfolgerung daraus lautet: Da alles vorherbestimmt ist, kann der Mensch auch sein eigenes Schicksal, griech. „Heimarmene", welches ihm einen Platz im Leben zugesteht, erkennen und tugendhaft danach leben (Vgl. 14). In der Stoa wird das als „secundum natura vivere" bezeichnet: Der Mensch lebt seiner Natur gemäß, die aus einer ununterbrochenen Kette von Kausalitäten besteht. Weil er ein Wesen ist, das dazu bestimmt ist, in einer Gemeinschaft zu leben, ist es seine Pflicht, sein Leben in den Dienst dieser Gemeinschaft zu stellen. Diese Pflichterfüllung wird aktives Leben, lat. vita activa, genannt.

Das Konzept der Logik, so wie sie der Stoizismus kennt, wurde den antiken Historikern wie Diogenes Laertius zufolge von dem größten Logiker seiner Zeit entwickelt. Sein Name war Chrysipp, der von 280 v. Chr. bis 208 v. Chr. lebte. Gemäß dem System von Chrysipp umfasst die stoizistische Logik die gesamte Erkenntnistheorie, sowie Rhetorik und Dialektik (Vgl. 15).

Der Begriff des Logos wird von Stoikern als ein göttliches Ordnungsprinzip verstanden, welches sich in Sprache und Vernunft ausdrückt. Das bedeutet, Logik umfasst die formalen Grundregeln allen Denkens und jeglicher Form der korrekten Argumentationsweise, aber auch alle Bereiche der Sprache, durch die Gedankenprozesse geäußert werden. In der Praxis bedeutet das z. B.: „Ein Mensch kann sagen, dass er etwas weiß, wenn er eine Aussage trifft, die nachweislich korrekt ist." Doch legt die Stoa auch fest, was als wahr gelten kann. Es ist das, was mithilfe des Kriteriums, d. h. des Entscheidungsmittels, methodisch korrekt dargelegt unmittelbar einleuchtend ist. Um das zu erreichen, muss ein Mensch allerdings selbstbeherrscht sein. Denn nur diese kann die Dinge auch korrekt wahrnehmen. Ein Mensch dagegen, der sich von seinen Emotionen, Gefühlen und niederen Trieben leiten lässt, wird zur umfassenden Erkenntnis der Wahrheit nicht fähig sein.

Als vielleicht die bekanntesten Kernbereiche der stoizistischen Logik gelten Dialektik und Rhetorik. Dialektik dient durch das Frage-und-Antwort-Schema der Wahrheitsfindung und der Sicherung erlangter Erkenntnis, während Rhetorik den Zweck verfolgt, diese Erkenntnis auf überzeugende, geordnete und ästhetische Weise zu kommunizieren. Dabei ging der berühmte Stoiker Zenon sehr anschaulich vor. Es ist überliefert (Vgl. 16), dass er die straffe Gedankenordnung der Dialektik durch seine zur Faust geballten Hand und die Rhetorik durch seine flache Hand mit gespreizten Fingern versinnbildlichte.

Da der stoizistische Mensch Teil der vom göttlichen Logos durchwirkten Natur ist, sind ihm die notwendigen Instrumente gegeben, um mittels Denkens zu höchster Erkenntnis zu gelangen. Doch der Prozess der Erkenntnis beruht auf einer bestimmten zielorientierten Lebensweise mit ihren Haltungen und Gewohnheiten. Die Ethik der Stoa sieht eine lebenslange Selbstvervollkommnung vor, griech. „Okeiosis". Dazu gehört eine sogenannte Affektkontrolle. Diese führt zur Befreiung niederer Leidenschaften, griech. „Apatheia", aber auch zu Genügsamkeit, griech. „Autarkie", sowie innerer Standfestig- oder Unerschütterlichkeit, griech. „Ataraxie". Doch die Befreiung von Leidenschaften beispielsweise darf der Stoa zufolge nicht in eine Passivität münden. Der römische Philosophen-Kaiser Marc Aurel fasste eine der Kernaussagen der stoizistischen Ethik wie folgt zusammen (Vgl. 17):

„Arbeite! Aber nicht wie ein unglücklicher Mensch oder wie einer, der bewundert oder bemitleidet werden will. Arbeite oder ruhe, wie es das Beste für die Gemeinschaft ist."

3. STOIZISMUS HEUTE: *Was Sie erwartet*

Der Stoizismus hat sich in den Jahrhunderten seit seiner Gründung immer wieder an die Veränderungen der Welt angepasst bzw. wurde von seinen Vertretern angepasst.

Was erwartet Sie nun in diesem Buch?

Obwohl hier keine Antworten auf Ihr persönliches Schicksal gegeben werden können, wird Ihnen anhand der stoizistischen Lebensregeln und ihrer praktischen Anwendung im Alltag gezeigt, wie Sie ein erfüllteres Leben führen können. Sie werden anhand von 52 Beispielgeschichten erfahren, was es im Einzelnen bedeutet, die Stoa in das private und berufliche Leben zu integrieren. In der Erkenntnis eines vorherbestimmten Lebens werden Sie im Idealfall erfahren, wo Sie gerade im Leben stehen und wo Sie im Leben hinwollen, wo Ihr Lebensziel und Lebensglück auf Sie wartet. Dabei geht es um die individuelle Beantwortung der folgenden drei Grundfragen (Vgl. 18):

1. Wie kann ich als menschliches Individuum glücklich werden?

2. In welchem Verhältnis stehe ich zur Gesellschaft?

3. Was ist gut für meine Umwelt?

Nachstehend noch einmal zusammengefasst die drei wichtigsten Axiome stoizistischer Lebensphilosophie und die daraus ableitbaren Lebensregeln (Vgl. 19):

1. Apathie

Apathie bedeutet die Freiheit und Loslösung von emotionalen Affekten und Leidenschaften. Dazu gehören Angst, Wut, Trauer, Ekel, Überraschung.

Die Regel, die sich daraus ableiten lässt, lautet: „Geben Sie nicht Ihren Leidenschaften und Trieben nach!"

2. Ataraxie

Ataraxie bedeutet das Erlangen der stoizistischen „Seelenruhe". Das ist die Seele, die trotz äußerer Unwägbarkeiten und Widrigkeiten des äußeren Lebens unbewegt bleibt und die auch durch emotionale Affekte nicht beeinflusst werden kann.

Die Regel, die sich daraus ableiten lässt, lautet: „Bleiben Sie stets ruhig und üben Sie sich in Unerschütterlichkeit."

3. Autarkie

Autarkie bedeutet einen genügsamen Lebenswandel, der es Ihnen erlaubt, unabhängig von äußeren Reichtümern, d. h. von der Konsumgesellschaft und deren Güter, aber auch von anderen Menschen, zu leben. Zu nennen wäre der moderne Minimalismus, der auch eine weitestgehende Selbstversorgung vorsieht, durch die Sie von Lieferketten unabhängig werden.

Die Regel, die sich daraus ableiten lässt, lautet: „Machen Sie sich nicht abhängig von Dingen und Menschen."

Leben Sie nach diesen drei Regeln, können Sie der Stoa zufolge Eudaimonie erlangen, was übersetzt Glückseligkeit bedeutet.

Wie oft ärgern Sie sich am Tag über diese oder jene Kleinigkeit? Wie oft über Nichtigkeiten, die Sie erst im Nachhinein als solche erkennen? Und wie oft haben Sie schon daran gedacht, wie schön es wäre, einfach ruhig, gelassen und unbewegt durch den Alltag zu gehen? Es gibt einen Leitsatz der Stoa, der sich 1:1 auf die moderne Lebensroutine anwenden lässt. Er lautet: „Erkennen Sie, dass es nicht darum geht, was Ihnen zustößt im Leben, sondern immer nur darum, wie Sie darauf reagieren." Falsche Reaktionen bewirken Stresssymptome im Körper und verursachen die Ausschüttung von Stresshormonen. Geschieht dies dauerhaft, hat es negative Folgen für Ihre Gesundheit.

Sind Sie dagegen immer besonnen und reagieren Sie bedacht und angemessen, können Sie durch die von den Stoikern bezeichneten Affekte nicht mehr dazu hingerissen werden, Ihre Seelenruhe in Gefahr zu bringen. Der Grund ist, dass sehr viele Menschen zu viel von dem wollen, was gar nicht zu ihrem Leben gehört. Sehen sie in der Werbung ein neues Produkt, wird ihre Begierde danach geweckt, obwohl keine Notwendigkeit für sie besteht, es zu besitzen. Ein Teufelskreis des immerwährenden Wollens entsteht, mit der Folge, dass sie sich von ihrem authentischen Leben und potenziellen Lebensglück entfernen. Der berühmte römische Stoiker Epiktet fasste es wie folgt zusammen:

„Es gibt Dinge, die in unserer Macht stehen, und es gibt Dinge, die nicht in unserer Macht stehen. Zu denen, die in unserer Macht stehen, gehören Urteilsgabe, Strebsamkeit, Begierde und Abneigung. Das sind alles Dinge, die das Ergebnis unserer Willensaktivität sind. Was nicht in unserer Macht steht, sind Leiblichkeit, Besitztum, Ehre und gesellschaftliche Stellung. Aber auch alles, was nicht zu unserem eigenen Werk gehört."

Aus diesen philosophischen Aussagen leitet sich eine wichtige Regel des Stoizismus ab, die besonders in der heutigen Zeit eines grassierenden Kontrollwahns anwendbar ist:

Lernen Sie zu unterscheiden, auf was Sie Einfluss haben und auf was nicht.

Dabei gilt es für Sie, zu erkennen, dass die Ursache unzähliger Leiden in zwei Fehlern wurzelt, die zentraler Gegenstand der stoizistischen Lebensweisheit sind (Vgl. 20):

1. Der ständige, aber ergebnislose Versuch, Dinge außerhalb Ihrer Einflusssphäre zu kontrollieren und Macht auf sie auszuüben.

2. Die daraus resultierende Vernachlässigung all jener Dinge, die von Ihnen effektiv kontrolliert werden können.

Auf die Frage hin, was es nun sei, was der Mensch eigentlich als Einziges wirklich uneingeschränkt kontrollieren könne, mögen viele Menschen die Antwort schuldig bleiben. Dabei ist sie sehr einfach zu geben: Es sind Ihre eigenen Gedanken und Überzeugungen, die aus diesen Gedanken geformt werden. Das ist alles. Sie haben der Stoa zufolge einzig über das Kontrolle, was Sie denken. Wie Sie das Gedachte dann umsetzen, entzieht sich bereits Ihrer vollständigen Kontrolle. Haben Sie die Idee für ein besonders interessantes Projekt, benötigen Sie die Hilfe anderer Menschen. Oder wollen Sie nur am Abend essen gehen, benötigen Sie ein Restaurant, das Ihren Vorstellungen entspricht. Es gibt aber auch andere Situationen, über die Sie keinerlei Kontrolle haben. Sie ärgern sich beispielsweise darüber, dass es anfängt zu regnen, wenn Sie morgens aus dem Haus kommen. Oder dass Sie zu spät ins Büro kommen, weil Sie eine Stunde im Stau stehen mussten oder der Bus nicht pünktlich kam. Doch dagegen können Sie nichts tun. Es ist außerhalb Ihrer Kontrollmöglichkeiten. Folgen Sie diesen Dingen, machen Sie sich abhängig von unkontrollierbaren Geschehnissen oder Zuständen. Sie werden bewegt, wie ein Blatt im Wind, der schnell und unmerklich zu einem Sturm werden kann. Und Sie verlieren Ihr Leben ...

Um auch das zu verhindern oder es vielleicht rückgängig zu machen, sollen Ihnen die 52 stoizistischen Geschichten in diesem Buch ein Ratgeber sein. Befreien Sie sich von toxischen Dingen, die Sie von dem Weg abbringen, den Sie eingeschlagen haben. Hinterfragen Sie, wie sich Ihr Handeln mit den vier Kardinaltugenden der Stoa vereinbaren lässt. Diese sind (Vgl. 21):

1. Mut
2. Mäßigung
3. Gerechtigkeit
4. Erkenntnis und Weisheit

AUF EINEN BLICK: Die 10 wichtigsten Maximen der Stoa

1. Hindernisse sind der Weg

Die meisten Menschen versuchen, Hindernissen aller Art aus dem Weg zu gehen, weil sie denken, dadurch schneller ans Ziel zu kommen. Doch der Schein trügt. Hindernisse sind in einem vom Schicksal bestimmten Leben vorgegeben und dienen dazu, von Ihnen bewältigt zu werden. Der direkte Weg zu einem Ziel ist nicht immer jener, der Ihnen Erkenntnis verschafft. Aus diesem Grunde sind Hindernisse anzunehmen. Da es immer Hindernisse geben wird, hört der Stoiker damit auf, an sie zu denken und sich vor ihnen zu fürchten.

2. Kümmern Sie sich nur um das, was Sie auch kontrollieren können

Dinge, die nicht Ihrer Kontrolle unterliegen, sollten Sie aus Ihrem Lebensfokus entfernen. Erleichtern Sie also Ihr Leben. Für den Stoiker sind einzig die eigenen Gedanken kontrollierbar, selbst die Handlungen, die sich daraus ableiten mögen, entziehen sich seiner vollständigen Kontrolle. Was Sie aber kontrollieren können, sind Ihre Reaktionen auf die Dinge, die Ihnen passieren.

3. Sie sind die einzige Quelle Ihrer Emotionen

Egal, wo Sie sind, wen Sie treffen oder was Ihnen widerfährt, Emotionen entstehen aus Ihnen selbst heraus. Sie werden nur von der äußeren Welt geweckt, sodass Sie darauf reagieren. Diese Reaktionen sind wiederum kontrollierbar, wenn Sie Ihre Emotionen und Affekte im Griff haben, Emotionen bewegen Sie. Sie wollen als Stoiker aber unbewegt sein, weshalb Sie Emotionen und daraus entstehenden Leidenschaften entsagen müssen, um ein tugendhaftes Leben im Sinne der Stoa zu führen.

4. Kein Erfolg und kein Misserfolg ist endgültig

Gewinnen und verlieren gehören für einen Stoiker zum Leben und zu seinem individuellen Schicksal, welches dieser annimmt. Darum ist es nicht zielführend, auf Erfolge oder Misserfolge mit positiven oder negativen Gefühlen zu antworten. Behandeln Sie beides immer logisch und lernen Sie aus beiden. Reagieren Sie also immer angemessen. Hadern Sie nicht mit dem Sinn Ihres Lebens, wenn Sie einmal verloren haben. Nach Erfolg kommt Misserfolg und nach Misserfolg kommt Erfolg.

5. Seien Sie produktiv und erledigen Sie Dinge, die Sie sich vornehmen

Wollen Sie Stoiker sein, dann liegt ein erheblicher Teil Ihres Lebensweges darin, produktiv zu sein. Ein Stoiker fühlt sich nur dann wohl, wenn er gehandelt hat und etwas erledigen konnte. Entscheiden Sie auf Grundlage der stoizistischen Prinzipien und bringen Sie das, was Sie sich vornehmen, nach bestem Wissen und Gewissen zu Ende. Zeit ist ein wertvolles Gut im Leben des Stoikers. Es gilt, sie nicht zu verschwenden. Das süße Leben lehnen Sie daher ab. Das bedeutet aber nicht, dass es auch keine Zeiten der Entspannung geben muss.

6. Seien Sie immer gegenwärtig

Präsent zu sein, wird durch die Erkenntnistheorie der Stoa vorgegeben. Das gilt besonders für die Sprache und Kommunikation. Achten Sie darauf, was Sie sagen und wie Sie es sagen, und hören Sie anderen Menschen aktiv zu. Vergangenheit und Zukunft haben ihren Platz im Leben des Stoikers, trotzdem aber lebt er in der Gegenwart und versucht immer, das Beste zu geben und dabei tugendhaft zu sein.

7. Halten Sie Ihre Erwartungshaltung immer niedrig

Egal, ob positiv oder negativ, wenn Sie ständig von Dingen überrascht sind oder sich überraschen lassen, werden Sie von Ihren Emotionen und Affekthandlungen beherrscht. Der stoizistische Weg ist es darum, die eigene Erwartungshaltung an Erfolg und Misserfolg stets auf einem niedrigen Niveau zu halten. Seien Sie vor allem mit dem, was Sie erreichen, zufrieden. Immer mehr wollen – ist anti-stoizistisch. Weniger ist mehr – ist stoizistisch. Je weniger Dinge Sie besitzen, desto weniger können die Dinge Sie besitzen. Genauso gilt: Je weniger Sie haben, desto weniger können Sie verlieren.

8. Bleiben Sie stets tugendhaft

Die vier Kardinaltugenden haben Sie oben kennengelernt. Stehen Sie zu Ihren Tugenden, auch wenn Ihre Umwelt es Ihnen schwer machen sollte. Die Tugend ist dafür da, Hindernisse zu überwinden. Lassen Sie sich, durch welche Umstände auch immer, nicht von einer tugendhaften Lebensführung ablenken.

9. Denken Sie nicht darüber nach, was andere Menschen denken

Obwohl die meisten Menschen sich selbst höher schätzen als andere Menschen, geben sie mehr auf deren Meinungen als auf ihre eigene. Dem Stoiker geht es darum, sein eigenes Schicksal zu leben und nicht das der anderen Menschen. Das gilt auch für Meinungen. Versuchen Sie täglich, von sich selbst beeindruckt zu sein, und kümmern Sie sich nicht darum, ob Sie andere Menschen beeindrucken können.

10. Üben Sie sich in Dankbarkeit

Das bedeutet, dass Sie sich nicht auf jene Dinge fokussieren sollen, die Ihnen fehlen oder von denen Sie annehmen, dass sie Ihnen fehlen. Seien Sie dankbar für das, was Sie haben. Fühlen Sie sich glücklich, auch wenn es nicht viel ist, was Sie besitzen. Besitztum ist eines der größten Hindernisse auf dem Weg zu Erkenntnis. Es ist sinnvoll, sich am Ende eines jeden Tages ruhig hinzusetzen und sich zu fragen, was Sie am Tag alles erreicht haben, was Sie falsch und was Sie richtig gemacht haben.

4. GELEBTE STOA: 52 Denkanstöße für das ganze Jahr

Anhand der folgenden 52 Kurzgeschichten werden Sie ganz praktisch erfahren, was Stoizismus im Alltag bedeutet.

Dabei ist jede der 52 Kurzgeschichten einer Woche des Jahres zugeordnet, welches bekanntlich 52 Wochen hat. So sind es also 4 oder 5 Geschichten für jeden Monat, der unter einem ganz bestimmten stoizistischen Motto oder Thema steht.

Die zum Thema passende Geschichte soll Ihnen Denkanstöße für den Alltag liefern, wie Sie die Prinzipien der Stoa umsetzen können. Am besten ist es, Sie integrieren diese Denkanstöße in ein wöchentliches Ritual. Das können Sie in der Praxis variieren, wobei die Kernaussage des Themas immer erhalten bleiben sollte. Die Geschichten sind prägnant und kurz und sollen Sie inspirieren, Ihr Denken, Ihre Wahrnehmung und Ihre Handlungsweisen zu hinterfragen und im Sinne der stoizistischen Weltanschauung zu verändern.

JANUAR

„Wenn du am Morgen widerwillig aufwachst, dann halte dir vor Augen: Ich wache auf, um die Arbeit eines Menschen zu tun."

– Marcus Aurelius, „Selbstbetrachtungen" (Vgl. 22)

Im alten Orient gab es einmal einen Rosenzüchter, der für die Rosen, die er züchtete, berühmt war. Doch eines Tages stand er vor einem großen Problem: Löwenzahn hatte sich in seinem Garten angesiedelt und drohte, die Rosen zu verdrängen. Also entschloss er sich, den Löwenzahn aus seinem wunderschönen Garten zu verbannen.

Doch dann geschah es, dass sein kleiner Enkel den Löwenzahn, der gerade dabei war, zu blühen, bewunderte und voller Glück zu ihm sagte: „Oh Onkel, das sind die wunderbarsten Sonnen-Rosen, die es auf der Welt gibt!“

Als er diese Worte vernahm, blickte der Rosenzüchter auf den Löwenzahn und wurde ganz plötzlich von dessen prachtvollem Gelb in seinem Herzen gerührt. Seit diesem Tag an liebte auch er den Löwenzahn und er stellte nach einer Weile zu seiner Freude fest, dass die Rosen, die er in seinem Garten gepflanzt hatte, noch viel besser und schöner heranwuchsen, wenn sie von den gelb leuchtenden Sonne-Rosen umgeben waren.

> „*Mut ist der Anfang von Offenheit und Akzeptanz.*“

Mut ist eine der Kardinaltugenden der Stoiker. Mut ist eng gepaart mit Hoffnung. Wo Hoffnung ist, ist auch Mut.

Die Hoffnung, die Sie haben, ist jene Hoffnung, die sich aus der Überzeugung nährt, dass alles, was Ihnen im Leben widerfährt, einen Sinn hat. Auch wenn Sie diesen nicht sofort erkennen.

Der Winter ist die Zeit der inneren Sammlung. Nach Entspannung, Gemeinschaftlichkeit mit Familie und Freunden, lassen Sie das neue Jahr mit Mut beginnen. Mut zum Aufbruch, auch etwas in Ihrem Leben zu ändern.

Als Stoiker sammeln Sie Ihre Kräfte innerlich, was bedeutet, dass Sie sich in den nächsten vier Wochen ganz besonders den vier Kardinaltugenden widmen und sich diese immer wieder durch die Praxis bewusst machen.

Der stoizistische Mut, für Neues offen zu sein und Dinge nicht so zu tun, wie Sie es vielleicht immer getan haben, kann sich z. B. darin äußern, dass altgewohnte, tägliche Wegstrecken sich ändern.

Machen Sie Umwege, wenn Sie irgendwohin wollen. Verlassen Sie mit anderen Worten gewohnte Pfade. Oder aber Sie überdenken Ihre Ernährungsweise. Gerade in den Wintermonaten, in denen sich die meisten Menschen weniger bewegen, ist eine bewusste Ernährung wichtig. Wenn es um Berufliches geht, könnte Ihr Mut darin bestehen, neue Projekte anzugehen, die besonders Ihre Unabhängigkeit, Ihre stoizistische Autarkie fördern.

Doch gehen Sie alles, was Sie tun, gemächlich und mit Gleichmut an. Zollen Sie der Jahreszeit Tribut, denn auch die antiken Stoiker lebten mit der Natur und ihren Elementen.

Im antiken Griechenland war der weise Sokrates dafür bekannt, seinen Geist stets reinzuhalten von Unwahrheiten und all jenen Dingen, die unnötig und unwesentlich für sein Leben sind.

Eines Tages trug es sich zu, dass ein junger Mann zu Sokrates gelaufen kam. Aufgeregt und fast außer Atem sprach er zu dem Weisen: „Sokrates! Sokrates! Höre! Es gibt große Neuigkeiten. So muss ich Dir unbedingt erzählen, wie ein Freund von Dir ...“

An dieser Stelle unterbrach Sokrates den jungen Mann mit den Worten: „Warte, mein Sohn. Hast Du auch das, was Du mir berichten willst, durch jene Siebe geschüttelt, die drei an der Zahl sind und von denen die Weisen wissen?“

Der junge Mann war augenblicklich verwundert und verwirrt und fragte Sokrates sogleich: „Welche drei Siebe meinst Du, Sokrates? Ich habe nie von ihnen gehört.“

Sokrates erwiderte darauf: „Ja, es sind die drei Siebe, durch die alles gegeben werden muss, was ausgesprochen werden soll. Wollen wir einmal sehen, ob das, was Du zu berichten hast, auch durch sie hindurchgeht.“

Der junge Mann lauschte gespannt den Worten, die folgten: „Das erste der drei Siebe wird Wahrheit genannt", sprach Sokrates. „Das bedeutet, dass Du alles, was Du sagen willst, prüfen musst, ob es auch wahr ist. Hast Du das getan?"

Der junge Mann, der noch immer aufgeregt war, sagte: „Nein, das habe ich nicht. Aber, oh Sokrates, ich hörte es jemanden erzählen. Daraufhin ..."

Wieder unterbrach der weise Sokrates: „Gut. Nun kommt das zweite Sieb an die Reihe. Sicherlich hast Du das, was Du berichten willst, durch das zweite Sieb gegeben."

„Was ist das für ein Sieb?", fragte der junge Mann.

„Es ist die Güte, mit der Du alles prüfen musst. Wenn das, was Du zu berichten hast, schon nicht der Wahrheit entspricht, vielleicht ist es dann ja gut?"

Daraufhin gab der junge Mann zu: „Oh Sokrates ... Es tut mir leid, aber auch gut ist es nicht."

Sokrates lächelte den jungen Mann an und fuhr fort: „Nun denn. Das dritte und letzte Sieb, durch das alles gegeben werden muss, ist das Sieb der Notwendigkeit. Ist es also notwendig, dass ich das, was Du zu berichten hast und was Dich noch immer so in Aufregung versetzt, auch erfahre?"

Der junge Mann gab zu: „Nun ja, es ist nicht gerade notwendig, dass Du es erfährst."

„Siehst Du", erwiderte Sokrates darauf, „da das, was Du mir berichten wolltest, weder der Wahrheit entspricht, da es ferner nicht gut und auch nicht notwendig ist, dass ich es erfahre, sollten wir uns auch nicht weiter darum kümmern und unseren Geist damit belasten."

„Mäßigung ist ein Magnet, der zur Weisheit geleitet."

Die zweite Woche des ersten Monats steht im Zeichen der Mäßigung.

Wenn Sie bei Ihrem täglichen Ritual, bei dem es darum geht, Mut zu zeigen, bemerkt haben, das Mut leicht dazu führt, das gesunde Maß zu verlieren, dann haben Sie stoizistisch gedacht. Maßhalten und Mäßigung zu praktizieren, fällt vielen Menschen in der Konsumgesellschaft schwer.

Die täglichen Verlockungen sind zu groß, als dass sie widerstehen könnten. Sie übernehmen sich. Nicht nur finanziell, sondern auch mental, d.h. sie lassen die Umwelt von ihrem Denken und Handeln Besitz ergreifen.

Dem müssen Sie entgegenwirken. Mit Mut und mit Mäßigung.

Machen Sie es sich zu Ihrem täglichen Ritual, auf bestimmte Konsumprodukte zu verzichten. Kaufen Sie weniger ein. Eine andere Möglichkeit, sich bewusst zu mäßigen, besteht in einem achtsamen Umgang mit der Sprache und eigenen Ausdrucksweise. Machen Sie es sich zu einer Übung, das, was Sie sagen, auch vorher zu durchdenken. Denn Mäßigung ist ein Wesensaspekt des Gleichmuts. Werden Sie mit anderen Worten „leiser" in dem, was Sie tun.

Der Stoiker ist ein Mensch, der zwar der Gemeinschaft dienlich sein will, doch er will keinen materiellen Nutzen davontragen. Vermeiden Sie es also Ihrerseits, ein bestimmtes Belohnungssystem, welches diese Konsumgesellschaft installiert hat, zu bedienen. Machen Sie es sich zur Aufgabe, jeden Tag etwas zu tun, für das Sie keine Gegenleistung erwarten.

In China erzählte man sich einst die Geschichte von einem Bauern, der in einem sehr armen Dorf auf dem Land lebte. Obwohl das Dorf arm war, galt er selbst als ein reicher Mann, da er ein Pferd sein Eigen nannte, das ihm beim Pflügen des Feldes half und schwere Lasten trug. Dann geschah es, dass eines Tages das Pferd ausriss, woraufhin seine Nachbarn klagten, welch schreckliches Schicksal dem Bauern widerfahren sei. Der Bauer jedoch sagte nur: „Vielleicht."

Nach ein paar Tagen kam das ausgerissene Pferd von allein wieder zurück. Mit ihm kamen zwei wunderschöne Wildpferde. Als die Nachbarn das sahen, waren sie überglücklich, während der Bauer nur sagte: „Vielleicht."

Als der nächste Tag angebrochen war, nahm sich der Sohn des Bauern vor, eines der Wildpferde zu zähmen. Er bestieg es, wurde aber sofort wieder abgeworfen, wobei er sich Bein und Arm brach. Daraufhin klagten die Nachbaren und bekundeten dem Bauern ihre Anteilnahme. Der Bauer aber sagte nur: „Vielleicht."

Eine Woche darauf wurde das Dorf von Offizieren der Armee besucht, die junge Männer einziehen wollten, denn ein Krieg mit einem benachbarten Fürstentum war ausgebrochen. Als sie den Sohn des Bauern verletzt sahen, zogen sie ihn nicht zur Armee ein. Die Nachbaren frohlockten darüber, welches Glück dem Bauern widerfahren sei, woraufhin der Bauer sagte: „Vielleicht."

> *„Verschwenden Sie keine Zeit, darüber nachzusinnen, was ein gerechter Mensch ist. Seien Sie einer!"*

Braucht der Mensch eine schier unübersichtliche Zahl an Schriftwerken, um gerecht sein zu können? Die moderne Gesellschaft suggeriert das.

Für den Stoiker ist Gerechtigkeit eine natürliche Gabe des Logos.

Der Logos agiert gerecht. Wenn Sie den Prinzipien der Stoa folgen und sich auch immer wieder bewusst machen, dass die Stoa „hier unten", in dieser physikalischen Welt, aus den metaphysischen Erkenntnissen der stoizistischen Philosophen geboren wurde, wird Ihnen klar werden, dass Gerechtigkeit ein sehr hohes Gut ist, das es gilt, abzuwägen.

Viele Menschen fühlen sich ungerecht behandelt, weil Sie nicht verstehen, oder weil es nicht durch die Gesellschaft an sie herangeführt wird, dass nichts, was im Leben passiert, ohne Grund passiert. Wer sich ungerecht behandelt sieht, lässt die Waage der Gerechtigkeit außer Acht.

Alle Dinge in der Natur tendieren zum Ausgleich der Kräfte. Was hier fehlt, ist an einer anderen Stelle vorhanden.

Das Gefühl der Ungerechtigkeit generiert weitere negative Gefühlswelten, wie z. B. Rache, die Sie natürlich von einem stoizistischprinzipiell ausgerichteten Leben abbringen. Gefühle, welche die Stoiker ablehnen bzw. transzendieren wollen, sind Neid und Eifersucht, die dann entstehen, wenn sich ein Mensch von anderen Menschen ungerecht behandelt fühlt.

Doch in diesen Fällen beruft er oder sie sich auf gesellschaftliche Normen und Gesetze, auf allgemeine Verfügungen oder Regelwerke, die allgemein anerkannt sind. Das alles ist nicht stoizistisch, denn alle Erkenntniskraft kommt von innen, auch die Erkenntniskraft, die Gerechtigkeit erkennen lässt.

Einmal kam ein Wanderer an eine Berghütte, wo er Rast machte. Die Hütte war von einer alten Frau bewohnt, die ihm zu essen und zu trinken gab. Nach einer Weile fiel dem Wanderer plötzlich ein kostbarer Stein auf, den er als einen Diamanten erkannte und der in einer wertvollen Schale lag.

Der alten Frau war das nicht entgangen und sie beobachtete den Mann dabei, wie er immer gieriger wurde. Dann schließlich sagte sie: „Ich sehe, Ihnen gefällt dieser Diamant dort. Er gehört Ihnen. Sie können ihn sich nehmen."

Als der Wanderer das hörte, war er sehr erstaunt und fragte nach: „Sie wissen aber bestimmt, dass es sich um einen sehr kostbaren Stein handelt. Wer ihn besitzt, ist reich."

Die Frau erwiderte: „Oh ja, das ist mir sehr wohl bekannt."

Dann nahm sich der Mann den Diamanten und verließ schnell die Hütte, da er Angst hatte, die Frau könnte ihre Meinung ändern. Schon nach wenigen Tagen kehrte der Mann in die Hütte der alten Frau zurück. Er trat ein und gab ihr den Diamanten sofort wieder zurück. Er sagte zu ihr: „Hier, Ihren Diamanten bringe ich Ihnen wieder zurück. Und ich hoffe, dass Sie mir etwas geben können, was unendlich viel kostbarer ist."

Die alte Frau lächelte und sprach freundlich: „Ich wünsche mir nicht den Stein, sondern das, was Sie dazu bewegte, mir diesen Stein wieder zu bringen."

> *Nichts wird Ihnen begegnen, was Sie nicht auch von Natur aus vertragen können.*

Der Januar endet mit der vierten Kardinaltugend: Weisheit.

Auch wenn viele Menschen dieser Ansicht sind, aber Weisheit kann nicht gekauft oder in Büchern gefunden werden. Auch in diesem nicht.

Weisheit beruht auf einem Prozess, der in Ihnen selbst stattfindet. Genauso wie Wissen nicht gleichzusetzen ist mit bloßen Informationen. Das Ordnungsprinzip ist dabei entscheidend, durch das die Informationen in der richtigen Weise zusammengefügt werden, damit aus dem Mosaik der Daten ein Zustand des Wissens entsteht.

Doch dieses Ordnungsprinzip ist in der Stoa vorgegeben. Der Stoiker nutzt dieses Prinzip nur, er erfindet es nicht neu. Worte allein machen niemanden weise, sie führen im besten Falle nur zur Weisheit hin. Gleiches zu Gleichem.

Wer die innere Resonanz besitzt, wird die Weisheit in den nichtigsten Dingen des Lebens entdecken können. Für den Stoiker gilt: Wer seinen Platz in der Welt kennt, hat den Schlüssel zur Weisheit in seiner Hand, ist offen, in allen Dingen den Sinn zu erkennen.

Weisheit ist die letzte der vier stoizistischen Kardinaltugenden, weil sie auch das Ergebnis der anderen drei Tugenden ist. Mut, Mäßigung, Gerechtigkeit führen zu Erkenntnis und Weisheit.

Der Weg auf die höchsten Gipfel führt allerdings auch durch die tiefsten Täler. Wenn Sie also Ihre innere Sammlung fortsetzen und die Weisheit zum Kernpunkt Ihrer täglichen Rituale machen, bedenken Sie immer, dass sich Weisheit sehr oft nicht als solche zu erkennen gibt.

Auch in Situationen, in denen Sie vielleicht alles andere als Weisheit erkennen mögen, mag sie vorhanden sein. Auch hier gilt es wieder, sich bewusst zu machen, dass alles, was Ihnen widerfährt, ob gut oder schlecht, letztlich Ihrem Lebenssinn dient, der der Stoa zufolge in Erkenntnis und Weisheit von den Dingen gipfeln muss.

Handeln Sie weise, indem Sie die 10 wichtigsten Maximen der stoizistischen Philosophie beherzigen. Dann werden Sie glücklich werden, so wie es der römische Stoiker Seneca in einem Brief schrieb: „Ich weiß, dass niemand glücklich oder auch nur erträglich leben kann, ohne Studium der Weisheit.“ (Vgl. 23)

FEBRUAR

Sie haben Macht über Ihren Geist – nicht außerhalb von Ereignissen. Erkenne das und du wirst Kraft finden.

– Marcus Aurelius (Vgl. 24)

In einem großen Hörsaal an einer Universität stand einmal ein Professor vor seinen Studenten. Zur Veranschaulichung dessen, was er mitteilen wollte, hatte er ein Experiment auf dem Tisch vor sich aufgestellt. Es bestand aus einem Marmeladenglas und 3 kleinen Kistchen, die geschlossen waren. Als alle Studenten versammelt waren, begann er mit der Durchführung seines Experiments, öffnete dafür die erste der drei Kistchen und entnahm einige Golfbälle, die er sogleich

in das Glas gab. Danach stellte er eine Frage an seine Studenten im Hörsaal: „Ist das Marmeladenglas nun voll?“ Diese Frage wurde von ihnen bejaht.

Dann wurde die zweite der drei Kistchen geöffnet und der Professor entnahm einige bunte Smarties und gab diese ebenfalls in das Glas. Als er das Glas leicht bewegte, sahen die Studenten die Smarties zwischen den Bällen hin und her rollen. Er fragte erneut: „Ist das Glas voll?“ Und sie bejahten seine Frage abermals.

Dann war das dritte Kistchen dran. Er öffnete es und gab den Sand, den es enthielt, in das Marmeladenglas, in dem sich bereits die Golfbälle und die Smarties befanden. Es geschah, was geschehen musste. Kaum war der Sand im Glas, wurden die Räume zwischen den anderen Gegenständen ausgefüllt. Ein weiteres Mal fragte er seine Studenten, ob das Marmeladenglas voll sei, und sie antworteten erneut mit „Ja“.

Dann holte der Professor noch 2 Dosen Bier aus seiner Tasche hervor und goss deren Inhalt in das Marmeladenglas, wodurch der letzte freie Raum, der zwischen dem Sand übriggeblieben war, ebenfalls ausgefüllt wurde. Man hörte lautes Lachen im Hörsaal, woraufhin der Professor zu seinen Studenten sagte: „Stellen Sie sich nun vor, dass dieses Glas Ihr Leben sein würde.“

Die Studenten waren überrascht und der Professor sprach weiter: „Die wichtigen Dinge in Ihrem Leben werden durch die Golfbälle dargestellt, wie Familie, Eltern, Freunde, Kinder. Die bunten Smarties stehen für Dinge, wie Ihr Beruf, Ihre Wohnung, Ihr Auto, etc. Der Sand nun symbolisiert all die Kleinigkeiten Ihres Lebens, die es auch gibt. Nun ist es entscheidend, was Sie zuerst in das Glas geben. Ist es der Sand, wird weder genug Platz für die bunten Smarties noch für die Golfbälle vorhanden sein. Ihre Aufgabe ist es nun, dieses Prinzip auf Ihr eigenes Leben zu übertragen und die richtigen Schlüsse daraus zu ziehen.“

Daraufhin meldete sich einer der Studenten zu Wort und fragte: „Was aber bedeutet das Bier?“ Der Professor lächelte und antwortete:

„Das Bier soll Ihnen zeigen, dass nichts im Leben so schwer sein kann, als dass es nicht noch Platz für den Genuss geben könnte."

> *„Aufmerksamkeit ist wie ein Krug, der sich von ganz allein mit Lebenssinn füllt."*

Die innere Sammlung gibt Ihnen Halt. Sie werden sich Ihrer mentalen Stabilität bewusst, was Sie handlungssicher macht.

Doch richtig handeln im Sinne der Stoa bedeutet immer aufmerksam und achtsam handeln. Aus diesem Grunde ist es nun wichtig, wenn Sie sich genau überlegen, welche Pflichten Sie im Leben haben. Oder besser gesagt: Welche Pflichten Sie sich selbst auferlegen. Die meisten Menschen merken nicht, dass Sie vieles von dem, was Sie täglich tun, aus eigener Entscheidung heraus tun. Doch diese Entscheidung ist meistens das Ergebnis einer Manipulation z. B. durch Medien oder Werbung, die die Menschen selbst zulassen.

Wenn es darum geht, Ihr Leben von all jenen Aktivitäten zu „reinigen", die nicht notwendig sind, Sie aufhalten oder ablenken, sparen Sie auch Beziehungen nicht aus. Ausgenommen von diesen Pflichten sind natürlich Ihre berufliche Tätigkeit und all jene Dinge, die dazu dienen, anderen Menschen, die Ihnen nahestehen, zu helfen oder zu unterstützen. Es geht immer darum, dass Sie alle Abhängigkeiten, die Sie an etwas oder jemanden binden, reduzieren. Vielleicht ist es ein Treffen mit Freunden, vielleicht eine Reise, die Sie planen und die z. B. eine finanzielle Belastung darstellen würde. Nehmen Sie Abstand davon, sich dem Reiz materieller Dinge zu unterwerfen. Stellen Sie Ihre Bedürfnisse infrage. Ist es notwendig, dieses oder jenes zu kaufen oder zu besitzen? Seneca drückte es wie folgt aus: „Nicht arm ist der, der wenig hat, sondern der, der nach mehr verlangt." (Vgl. 25)

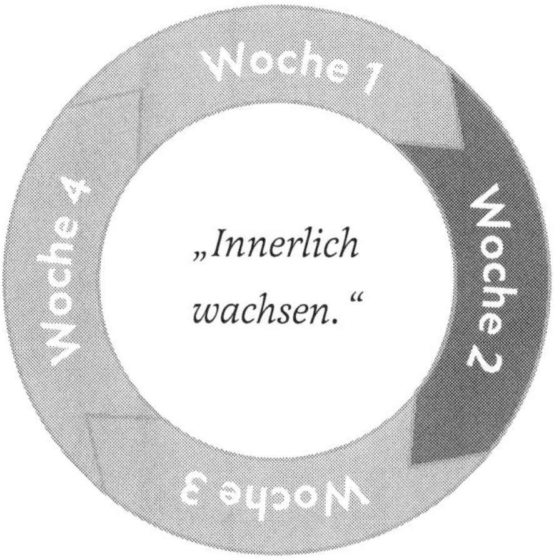

Ein Fuhrmann begab sich eines Tages mit seinem Wagen in die nächste Stadt. Dieser Wagen war voll beladen und fuhr schnell.

Trotzdem fragte er einen Wandersmann, den er am Straßenrand traf: „Werde ich es noch schaffen, vor Einbruch der Dunkelheit die Stadt zu erreichen?" Der Wandersmann erwiderte: „Aber natürlich schaffen Sie das. Aber fahren Sie langsam."

Als der Fuhrmann auf seinem Wagen das vernahm, hielt er den Wandersmann für einen törichten Spinner, nahm die Peitsche in seine Hand und trieb die Pferde, die den Fuhrwagen zogen, umso schneller an.

Der Wagen wackelte und polterte laut über die holprige Straße und es geschah, was geschehen musste. Ein Rad brach, der Wagen kippte bei voller Fahrt um und die gesamte Ladung lag auf der Straße verteilt.

Es dauerte nicht lange, bis der Wandersmann den Wagen eingeholt hatte. „Sehen Sie, was passiert ist?", sprach er den Fuhrmann an, „Ich habe recht behalten. Obwohl ich zu Fuß unterwegs bin, werde ich früher die Stadt erreichen als Sie. Wenn Sie kommen, werden die Stadttore bereits geschlossen sein."

> „*Wer innerlich wächst, ragt auf wie ein hoher Berg vor einem tiefen Tal.*"

Innerliches Wachstum ist ein seelisches Wachstum. Wachsen Sie innerlich, erlangen Sie somit die Stärke, die aus der Ataraxie, der Seelenruhe erwächst. Sie ist der Mittelpunkt eines jeden Stoikers. Wer innerlich wächst, wächst über das Äußere, das Materielle, hinaus.

Mit anderen Worten bedeutet das in der Praxis des Alltags, dass Aufmerksamkeit und Achtsamkeit auch dafür eingesetzt werden müssen, alles Kostspielige im Leben abzuschaffen. Doch was ist damit gemeint? In der heutigen Welt ist überall von Kosten die Rede. Alles kostet etwas. Merkwürdigerweise machen die Menschen diese Entwicklung mit, bei der die Immer-Mehr-Mentalität der Konsumgesellschaft immer größere Kosten verursacht. Doch Kostspieliges abschaffen oder zumindest auf ein Mindestmaß verringern, bedeutet auch, sich von immateriellen Zwängen zu befreien.

Viele Menschen leiden unter einem übermäßigen Medienkonsum, der Sie der Weisheit nicht näherbringt. Ganz im Gegenteil. Die Lagerkosten für die Informationen in Ihrem Kopf sind hoch. Sie kosten Zufriedenheit, Glück und Gedankenfreiheit. Machen Sie sich also bewusst, dass alles etwas kostet. Machen Sie sich eine Liste mit Ihren materiellen Kosten. Überlegen Sie, was Sie einsparen können. Dann gehen Sie an die immateriellen Kosten. Listen Sie ebenfalls auf, wie viel Energie Sie für was aufwenden. Sie werden bemerken, dass die gedanklichen Energiekosten sehr hoch sind, wobei der Effekt, den dieser tägliche Kostenaufwand für Sie hat, in der Regel in keinem Verhältnis dazu stehen wird.

Der Besitzer eines Hotels kam einmal zu seinem Freund und beklagte sich wie folgt: „Ach, diese Schnellstraße, die sie neu gebaut haben, treibt mich noch in den Ruin.“

Der Freund fragte: „Wieso? Das kann ich jetzt aber nicht verstehen, denn jeden Abend steht doch auf dem Schild vor Deinem Hotel ‚Zimmer belegt‘.“

„Das stimmt schon“, antwortete der Hotelbesitzer. „Aber bevor sie die Schnellstraße gebaut hatten, war ich gezwungen, täglich bis zu 50 Personen wegzuschicken, weil alles belegt war. Aktuell sind es nur 30.“

> *Gold ist das Metall der Sonne, und es blendet all jene, die nur nach außen blicken.*

Der beste Sklave ist jener Sklave, der seine Sklaverei nicht bemerkt. Es gibt sehr viele Menschen, für die das zutrifft, arme wie reiche. Seneca schrieb treffend: „Sklaverei haust in Marmor und Gold". (Vgl. 26)

Der gesellschaftliche Konsens ist ein anderer. Er besagt: Wer Geld hat, ist frei. Wer mehr Geld hat, ist freier als andere Menschen. Ein Trugschluss, wie immer mehr Menschen zu erkennen scheinen. Bei diesem stoizistischen Tagesritual geht es nun darum, dass Sie sich einmal bewusst machen, was der Preis des Geldes und des Reichtums eigentlich ist. Die Gesellschaft himmelt ihre menschlichen Ikonen des Reichtums an. Doch schauen Sie genau hin! Zwar stehen ihnen keine monetären Hindernisse im Weg, doch was haben sie dafür aufgegeben?

Der Stoiker weiß, dass jede materielle Abhängigkeit, so viele Vorteile sie gesellschaftlich auch immer einbringen mag, einen Schritt vom glücklichen Leben nach der Vorstellung der Stoa wegführt. Mit jedem Schritt bewegen sie sich in die entgegengesetzte Richtung.

Viele von jenen Menschen, die dem Reichtum verfallen sind, befinden sich aber auch in anderen Abhängigkeiten. Um ihre Position weiter zu behalten und ihre Rolle weiterzuspielen, wagen es viele von ihnen nicht mehr, klar auszusprechen, was sie denken. Sie belügen sich selbst. Ein Teufelskreis entsteht, der sich selbst zu legitimeren scheint, allein durch Reichtum, Erfolg, Macht und Profit. Um nicht in dieses materielle wie immaterielle Gefängnis eingesperrt zu werden, müssen Sie den entgegengesetzten Weg einschlagen, der davon wegführt, in ein Leben ohne Einschränkungen und authentische Freiheit.

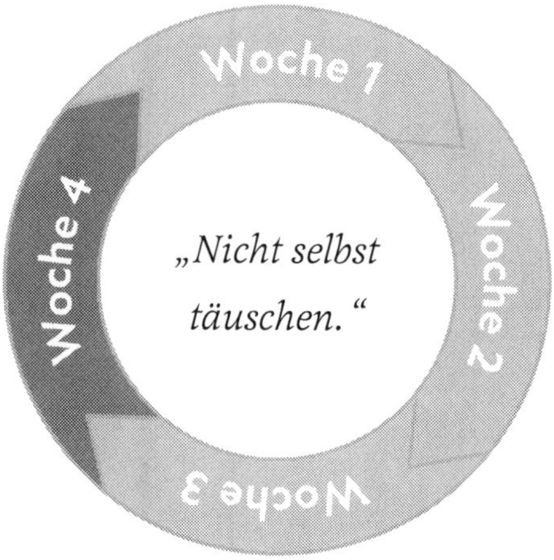

Ein Bauer suchte eines Tages seine Axt, die er dringend benötigte. Den ganzen Tag über suchte er überall. Nach einer Weile stieg Ärger in ihm auf und er dachte an den Sohn des benachbarten Bauern, mit dem er des Öfteren Streit hatte. Also verdächtigte er ihn, seine Axt entwendet zu haben.

Er machte sich dann daran, den Nachbarssohn heimlich zu beobachten. Viele Wochen tat er das und was er beobachtete, schien seinen Verdacht zu bestätigen. Alles an dem jungen Mann war wie ein einziger Axthieb: Sein Gang, seine Worte, seine Bewegungen, sein Verhalten. Überhaupt alles erinnerte an eine Axt, mit der ein Baum gefällt wird.

Dann geschah es, dass der Bauer am nächsten Tag in der Früh seine Axt doch wiederfand. Sie lag unter einem Stapel Holz. Er war froh, sie wiedergefunden zu haben.

Am Tag darauf sah er den Sohn des Nachbarn wieder. Doch er war verändert. Nichts an dem jungen Mann erinnerte mehr an eine Axt: Nicht sein Gang, nicht seine Worte, nicht seine Bewegungen, nicht sein Verhalten. Überhaupt nichts.

„Wer sich selbst erhöht, erniedrigt sich."

Der Mensch von heute scheint aufgeklärter denn je. Zahlreiche Kommunikationsmittel stehen ihm überall und jeder Zeit zur Verfügung, Datenbanken und Online-Bibliotheken halten die Schätze des Wissens parat. Wer würde da auf den Gedanken kommen, dass es gerade die Selbsttäuschung ist, die einer der heimlichen Herrscherinnen über den menschlichen Geist ist? Wer ist es, der Sie täuscht? Es ist der größte Feind, den Sie haben: Ihr Ego, die Ich-Identität. Bei Epiktet heißt es treffend: „Es ist für einen Menschen unmöglich, etwas zu lernen, von dem er glaubt, er würde es schon wissen." (Vgl. 27)

Das Ziel des Stoikers ist die Erlangung von ganzheitlicher Erkenntnis und Weisheit. Der bekannte deutsche Philosoph Eckart Tolle, selbst Stoiker, drückt es sehr prägnant aus: „Ego und Bewusstsein schließen sich aus" (Vgl. 28). Das Ego ist Ich-bezüglich. Es schließt sich entweder aus oder nur das ein, was in seine Struktur passt: „Ich bin hier und Du bist dort." Das Ego ist somit auch wahre Ursache für Einsamkeit und Isolation von Menschen, die eigentlich in der Fülle des Lebens stehen, es nur nicht wahrnehmen.

Der Egoist denkt, er sei bewusst. Diese Selbsttäuschung verleitet ihn zu einer fatalen Selbsteinschätzung, die in jedem Fall in der Überhöhung von allem besteht, was er wirklich ist oder sein kann: Selbstgerechtigkeit, Größenwahn, Psychopathie, Machtgier, etc.

MÄRZ

„Die größte Herrschaft ist die Selbstbeherrschung.“

– Seneca (Vgl. 29)

Eines Tages erschien ein Mönch, der schon in die Jahre gekommen war, bei einem Tao-Meister und sprach voller Sorge zu diesem: „Mein Leben lang war ich bemüht, mich mit den spirituellen Lehren der größten Weisen zu beschäftigen und sie zu durchdringen. Alles, was ich an Vergnügen kannte, gab ich dafür auf. Meine Triebe und Begierden bekämpfte ich mit allen Mitteln, die ich hatte. Lange Jahre über habe ich gefastet, mich dem Prinzip der Enthaltsamkeit untergeordnet. Jeden Tag habe ich mich kasteit nach den Regeln des Mönchstums. Alles,

was ich konnte, habe ich getan, um auf dem Pfad der Tugenden zu wandeln. Groß war mein Leiden in diesen ganzen Jahren, doch eines erlangte ich niemals: Erleuchtung. Nun habe ich mein Leben aufgegeben, alle Freude und alles Streben aus ihm verbannt. Alles, was mir einmal wichtig war, habe ich fallengelassen. Ich bin so verzweifelt. Was ist es, was ich jetzt noch tun kann? Ich weiß nicht mehr weiter."

Daraufhin erwiderte der Tao-Meister kurz: „Hör zu leiden auf!"

„Kein zerstörerisches Feuer ist so groß, wie eines, das von Leidenschaften genährt wird."

Eine buddhistische Redewendung, deren Inhalt auch jeder Stoiker beherzigt, besagt: „Der Weg liegt nicht im Himmel" (Vgl. 30). Das bedeutet, dass der Weg in dieser Welt liegt und zum höchsten Ziel führt. Auf diesem Weg des Schicksals begegnen Ihnen unter anderem die Leidenschaften, zu denen Seneca schrieb (Vgl. 31): „Ebenso müssen andere Affekte und Leidenschaften wie Lust, Unlust, Begierde und Furcht überwunden werden."

Tatsächlich hält jeder Mensch, die Leidenschaft, die er kultiviert, auch für berechtigt und gerechtfertigt. Doch wer oder was gibt Anlass zu einer Berechtigung oder Rechtfertigung? Oft werden Leidenschaften erweckt durch äußere Dinge, was sich für so manchen als profitabel erweist. Nur nicht für Sie. Sind Sie leidenschaftlich, haben Sie häufig Schwierigkeiten, Maß zu halten. Essen Sie liebend gerne, darf es auch manchmal zu viel sein. Treiben Sie leidenschaftlich gerne Sport, kann diese Betätigung zu einer Sucht werden und über das gesundheitlich notwendige Maß weit hinausgehen. Für den Stoiker ist die Leidenschaft etwas, das nicht der Vernunft, d. h. dem Logos, entspringt. Sie gehört zu den niederen Affekten, wie auch Begierde, Lust oder Unlust oder auch Angst.

Ein tägliches Ritual, bei dem es um Ihre ganz persönlichen Leidenschaften geht, sollte die Mäßigung als Ziel haben. Wenn es um das Essen geht, dann essen Sie weniger. Wenn Sie leidenschaftlich gerne etwas spielen, üben Sie sich in Gelassenheit und nehmen Sie Distanz zu dem ein, was Sie tun. Die Taoisten, deren Philosophie, die im Tao Teh King festgehalten ist und sehr viele stoizistische Elemente enthält, sagen, dass die Weisheit „wie das kalte Mondlicht sei" (Vgl. 32). Die Leidenschaft dagegen ist wie niederbrennende Sonne. Setzen Sie leidenschaftlichen Reaktionen Selbstkontrolle und Selbstbeherrschung entgegen. Dann zeigen Sie wahre stoizistische Stärke.

Wieder einmal konnte sich die Möwe Nina einen großen Fisch aus dem Meer fischen und sich mit ihrer Mahlzeit hoch in die Lüfte erheben. Als die anderen Möwen das bemerkten, entschlossen sie sich, Nina zu verfolgen und ihr den Leckerbissen abzujagen.

So griffen sie die Möwe mit dem Fisch im Schnabel immer wieder an, wobei sie mit den Spitzen ihrer Schnäbel brutal und rücksichtslos auf Nina einhackten. Dann ließ sie den Fisch los, woraufhin sich die verfolgenden Möwen auf den Fisch stürzten, während dieser aus den Lüften herabfiel. Nun begann ein erbitterter Kampf um den Leckerbissen aus dem Meer.

Die Möwe Nina jedoch flog immer höher hinauf, während sie sich ruhig vom Wind tragen ließ und den Frieden in den Lüften genoss.

„Wir leben nicht, um zu essen, sondern um glücklich zu sein.“

Das stoizistische Sinnbild des Festbanketts, das von Epiktet thematisiert wurde (Vgl. 33), sollte Ihnen als Leitmotiv für Ihr Denken und Handeln dienen. Worin besteht dieser sinnbildliche Gedanke? Die Antwort darauf bietet Ihnen bereits die Möglichkeit eines täglichen Verhaltensrituals:

Stellen Sie sich vor, Sie gehören zu den geladenen Gästen eines großen Festbanketts. Sie sitzen bei Tisch und es werden üppige Speisen auf Platten gereicht. Sie beobachten, wie die Menschen sich gierig bedienen und es kaum erwarten können, ihre Teller zu füllen. Sie überhäufen ihre Teller und essen so viel, dass ihnen schlecht werden muss. Manche reißen den anderen das Essen sogar aus den Händen, nur um früher dran zu sein. Das ist es auch, was Sie so oft im Alltag wahrnehmen können. Die Regale sind reich gefüllt, es fehlt offenbar an nichts. Jeder kann leben, nur machen es sich die Menschen gegenseitig schwer. Schauen Sie in die Gesichter der Menschen, sehen Sie Stress, Hektik, Missgunst oder auch Niedergeschlagenheit. Auch wenn Sie am Bankett des Lebens teilhaben, es scheint sie dennoch nicht zu befriedigen und glücklich zu machen. Sie wollen immer mehr, kennen kein Ende, sind nimmersatt und missgünstig ihrem Nachbarn gegenüber.

Nun sind Sie an der Reihe? Wie verhalten Sie sich? Erwarten Sie so wenig wie möglich von dem, was Ihnen als Gast zusteht. Warten Sie, bis Sie dran sind. Dann nehmen Sie sich das, was Sie benötigen, um Ihren Hunger zu stillen. Seien Sie moderat. Und genießen Sie jeden Bissen, für den Sie auch Dankbarkeit fühlen.

Nach dem Bankett, wenn alle gegangen sind, üben Sie sich dann in Selbstlosigkeit, denn als Stoiker ist Ihnen die gemeinschaftliche Integrität und Ihr Beitrag zum Funktionieren der Gesellschaft überaus wichtig. Helfen Sie dem Gastgeber beim Abräumen des Geschirrs und beim Abwaschen. Seien Sie dankbar für das, was Ihnen zuteilwurde.

Nach einem mühsamen und beschwerlichen Tag mit vielen Entbehrungen machte ein Wanderer am Abend Rast. Er hatte einen alten knorrigen Baum gefunden, unter dem es sich gut sitzen ließ. So ruhte er sich unter diesem aus und gönnte seinem ermüdeten Körper die notwendige Ruhe.

Als er unter den Ästen des alten Baumes saß, dachte er bei sich: „Ach, wie schön wäre es doch, hätte ich etwas Kühles zu trinken." Kaum hatte er diesen Gedanken gefasst, stand auch bereits eine große Karaffe gefüllt mit frischem Quellwasser vor ihm. Obwohl der Wanderer darüber erstaunt war und es sich nicht erklären konnte, trank er von dem Wasser und erfrischte sich. Dabei dachte er: „Ach, wie schön wäre es doch, hätte ich etwas Schönes zu essen." Augenblicklich sah er einen Tisch vor sich stehen, der gedeckt war mit erlesenen Speisen auf kostbarem Geschirr. Als der Mann nun den vollen Tisch betrachtete, dachte er bei sich: „Ach, wie schön wäre es doch, hätte ich einen Sessel, in dem ich bequem sitzen könnte." Auch dieser Wunsch wurde ihm gewährt. Nach einer Weile erklang sogar wunderschöne Musik unter dem alten Baum und der Wald ringsum wurde erhellt durch das flackernde Licht eines Leuchters mit vielen Kerzen.

Schließlich hatte sich der Wanderer ausgeruht, sein Körper war wieder zu Kräften gekommen und die Speisen und Getränke hatten ihn gestärkt. Dann dachte er: „Ach, wie schön wäre es doch, hätte ich nun ein bequemes Bett, in dem ich sanft schlafen könnte.“ Kaum hatte er diesen Gedanken gefasst, stand auch schon ein weiches Bett vor ihm. Er legte sich hinein. Kurz vor dem Einschlafen hatte er plötzlich einen weiteren Gedanken: „Ach, wenn jetzt ein wildes Tier kommen würde …“

> *Je weniger ein Mensch will, desto weniger wird ihm fehlen.*

Die Welt ist voller Verlockungen. Fast überall warten sie auf uns. Die meisten Menschen geben sich ihnen hin, ohne über die möglichen Folgen nachzudenken. Sie nehmen sie hin, als wäre es ein Naturgesetz, das sie nicht abändern könnten. Für den Stoiker gilt es, so wenig wie möglich zu wollen und damit einen berühmten Sinnspruch aus dem Taoismus zu bestätigen: „Man kann die Welt kennen, ohne je das Haus zu verlassen“. (Vgl. 34)

Das Verreisen ist in der Wohlstandsgesellschaft zu einem wichtigen psychologischen Anker geworden. Es gibt viele Menschen, deren Leben nur dann einen Sinn zu machen scheint, wenn sie dreimal im Jahr verreisen. Wenn sie nach dem Urlaub wieder zurückkommen, sind sie oft schlechter Laune, weil sie wieder in den Arbeitsalltag zurückmüssen oder aber, weil ihnen etwas nicht gefällt. Egal wohin sie auch gehen mögen, in den Supermarkt um die Ecke, ins Büro oder wenn sie eine Weltreise machen, sie nehmen sich immer selbst mit, ihre Probleme, ihre Sorgen, ihre Wünsche. Aus diesem Grund nehmen viele Menschen auch die schönste Urlaubsumgebung nicht wahr. Das Erste, was sie tun, wenn sie am Urlaubsort angekommen sind, ist, sich zu streiten. In einem seiner Lehrgespräche sagte Epiktet: „Wo unser Herz hinstrebt, das ist unsere Bürde.“ (Vgl. 35)

Wo immer Verlangen eine Rolle spielt, lauert auch die Möglichkeit der Enttäuschung. Sie kennen es aus Ihrem eigenen Leben: Je mehr Sie sich nach einer Sache sehnen, desto größer ist die Enttäuschung, die Sie erleben, wenn Sie sie nicht bekommen.

Diese Verhaltensweise ist nicht nur Verschwendung kostbarer Lebenszeit, sie mag Sie auch sonst unmerklich auf so manch zweifelhafte Lebenspfade locken. Der berühmte griechische Philosoph Diogenes sagte einmal: „Es ist das Privileg der Götter, nichts zu wollen, und das gottgleicher Menschen, wenig zu wollen". (Vgl. 36)

In einer kleinen Stadt wohnte einmal ein Junge, der sich immer sehr schnell aufregte und sogar sehr wütend werden konnte. Sein Vater beobachtete das Verhalten seines Sohnes und gab ihm eines Tages einen Hammer in die Hand. Dazu erhielt er eine Packung voll mit Nägeln. Der Vater führte ihn zu einem Lattenzaun und sagte: „Immer, wenn Du wütend bist und losbrüllst, sollst Du einen Nagel in die Latten dieses Zaunes schlagen." Der Junge willigte ein, obwohl ihm der Sinn dessen, was er machen sollte, nicht klar war.

Am Abend des nächsten Tages hatte der Junge schon 20 Nägel in den Lattenzaun geschlagen. Doch mit jedem Tag, der verging, waren es weniger Nägel, die der Junge in seiner Wut in den Lattenzaun schlagen musste. Und es wurde ihm klar, dass das Hämmern von Nägeln in den Zaun einfacher war, als ständig wütend zu werden.

Und es dauerte gar nicht lange, bis der Junge gar nicht mehr wütend wurde, woraufhin er zu seinem Vater ging und ihm das voller Stolz mitteilte. Sein Vater ging mit ihm zum Zaun und erklärte: „Ab jetzt wird es so gemacht: An jedem Tag, der vergeht, an dem Du nicht wütend wirst, ziehst Du wieder einen Nagel aus dem Zaun heraus." Der Junge willigte ein.

Abermals verging eine Weile. Dann war es so weit, der Junge ging voller Stolz zu seinem Vater und verkündete, dass kein einziger Nagel mehr im Zaun sei. Der Vater sagte daraufhin: „Sehr gut hast Du das gemacht. Nur, schau, wie viele Löcher jetzt in dem Zaun sind. Der Lattenzaun ist nicht mehr derselbe wie zuvor."

Der Junge war ein wenig verwirrt, woraufhin der Vater weiter ausführte: „Jedes Mal, wenn Du in Deiner Wut etwas tust oder sagst, denke immer an den Zaun, die Nägel und die Löcher, die sie hinterlassen haben."

„Wer gewappnet ist, kann nicht überrascht werden, wenn etwas unversehens geschieht."

Epiktet riet: „Bleibe standhaft, auch wenn du leidest, lass dich nicht von deinen Eindrücken überwältigen" (Vgl. 37). Die Metapher des Sturms ist sehr gut geeignet, um zu beschreiben, wie sehr der Mensch, der von ihm erfasst wird, umhergewirbelt wird.

Wie ein Ast im Wind wiegt er sich im Sturm hin und her und manchmal sogar kann es passieren, dass ein starker Baumstamm entwurzelt wird und umkippt. Das Schicksal hat unterschiedliche Wetterlagen. Es gibt schönes und schlechtes Wetter. Für den Gleichmut des Stoikers jedoch, der gelernt hat, auch den widrigsten Wetterlagen des Lebens zu trotzen, existieren diese Unterschiede nicht. Er nimmt sie wahr, aber sie haben keinen Einfluss auf seinen Lebenswandel. Die Metapher des Sturms kann sich z. B. auf die Emotion der Wut beziehen, die viele Menschen nur schwer beherrschen können. Wut kann schlimme Folgen haben und dann sogar mit der Entwurzelung eines Baumes gleichgesetzt werden.

Wie oft waren Sie schon wütend und haben Ihre Wut im Nachhinein bereut? Wie oft schon haben Sie in Wut Dinge gesagt, die Sie später bereuten? Das Auf und Ab des Lebens ist eine Herausforderung, die erkannt werden muss, um sich nicht umhertreiben zu lassen. Auf diese Weise wandeln Sie die Launen des Schicksals in positive Energie für Ihr Weiterkommen auf dem Weg der stoizistischen Tugenden um.

Um dem Auf und Ab des Lebens standfest zu begegnen, bedarf es jedoch keines komplizierten Plans. Wer große Pläne schmiedet, neigt dazu, sich an diese zu halten. Koste es, was es wolle. Das kann die Wahrnehmung trüben.

APRIL

„Nicht die Dinge selbst beunruhigen die Menschen, sondern die Meinungen und die Urteile über die Dinge."

– Epiktet (Vgl. 38)

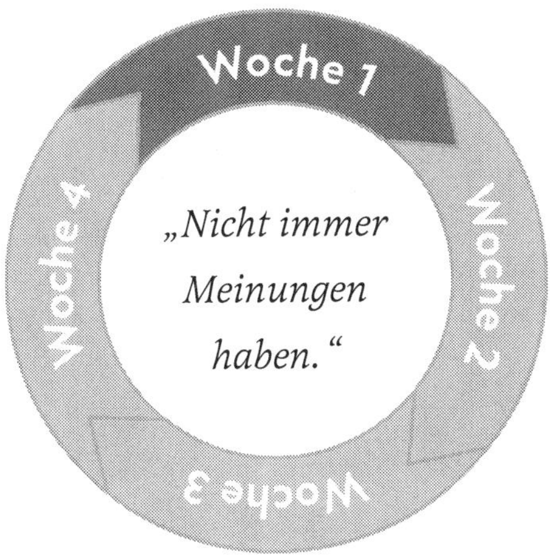

Es war im antiken Griechenland, wo einmal ein einsamer Wanderer auf einen Schäfer traf, der gerade seine Schafe weidete. Er fragte ihn: „Sie wissen doch sicherlich, wie das Wetter heute werden wird?"

Der Schäfer antwortete mit überzeugten Worten: „Das Wetter wird genauso, wie ich es haben will."

Als der Wanderer das hörte, war er ein wenig verwirrt. Verdutzt fragte er nach: „Wie können Sie so sicher sein, dass das Wetter so wird, wie Sie es haben wollen?“

Daraufhin erklärte der Schäfer: „Nun, mein Sohn, ich habe in meinem Leben erfahren können, dass ich das, was ich mir wünsche, nur selten bekomme. Darum musste ich lernen, immer das anzunehmen, was mir das Leben gibt. Aus diesem Grunde bin ich überzeugt davon, dass das Wetter heute so werden wird, wie es für mich gut ist.“

> *In der Vielfalt verloren zu gehen, ist einfacher, als in der Einfalt zu bestehen.*

Meinungen sind gefragt. Vor allem in den sozialen Medien werden sie abgegeben, voreilig, unreflektiert und falsch. Das betrifft vor allem die Ereignisse des Tages. Man ist überaus schnell dabei, auch den trivialsten Dingen des Alltags zu viel Gewicht beizumessen. Mit schlimmen Folgen, denn leider zu oft verfestigen sich diese Meinungen und werden zum Allgemeingut. Dabei verschwimmen Fake und Fakt zunehmend.

Doch was im Großen stattfindet, fängt im Kleinen an. Sie werden es sicherlich kennen. Noch bevor Sie richtig wach sind, prasseln die ersten Fragen auf Sie ein. Egal ob Freundin, Freund oder Familie: Ihre Meinung ist gefragt. Bevor Sie einen klaren Kopf bekommen können, drehen sich Ihre Gedanken bereits um alle möglichen Belange, die in sehr vielen Fällen gar nicht Ihre sind. Üben Sie sich darin, keine Meinung zu haben.

Das ist einfacher, als es klingt. Egal ob privat oder beruflich, Sie müssen nicht immer sofort Rede und Antwort stehen. Machen Sie es sich zu einem stoizistischen Ritual, Menschen auch eine Antwort schuldig zu bleiben. Sagen Sie Ihnen z. B., Sie wollen näher darüber nachdenken. In vielen Fällen, so werden Sie bemerken, verliert sich die Relevanz der meisten Fragen, bei denen von Ihnen eine Meinung gefordert wird, in den Ereignissen des Alltags.

Üben Sie sich in der Beobachtung, nicht aber in der Teilnahme. Halten Sie gedankliche Distanz. Es ist eine stoizistischen Erkenntnis, dass es nicht die Dinge selbst sind, die Menschen beunruhigen, sondern die Meinungen, die darüber abgegeben werden und diese verzerren.

Schauen Sie sich z. B. ganz bewusst eine Talkshow an und versuchen Sie, den Gesprächen nicht zu folgen, indem Sie sich sofort zu dieser oder jener Aussage eine eigene Meinung bilden. Trainieren Sie Ihren Geist. Sie werden schnell bemerken, dass die meisten Gespräche ohne weitere Bedeutung für Ihr Leben einfach an Ihnen vorbeiziehen. Konzentrieren Sie sich stattdessen auf Ihren Lebensweg und lernen Sie auch, dass sehr häufig Schweigen spirituelles Gold sein kann.

Es war in Afrika, als der Sohn eines Hirten zum Dorfältesten kam und diesem sein Leid klagte: „Weiser alter Mann, ich suche Rat bei Dir. Mein Vater hat mich zu Dir geschickt. Gestern hatte er mir aufgetragen, unsere Schafherde zu bewachen. Er gab mir seinen Hirtenstab und wies mich an, immer aufmerksam auf alle Tiere zu sein. Doch ich mag die Schafe nicht und so war ich unaufmerksam. Ich verlor sie aus den Augen, weil ich mit anderen Dingen beschäftigt war, und so geschah es, dass eines von ihnen von einem wilden Tier gerissen wurde. Traurig bin ich, oh weiser Mann. Was soll ich nur tun. Das Schaf ist tot, wir haben ein Tier in der Herde weniger, und vielleicht werden wir bald hungern müssen durch meine Schuld."

Die alte Weise des Dorfes schwieg eine Weile und sprach dann zu dem verzweifelten jungen Mann: „Würde ein Stein denken, ‚Ich bin nur ein kleiner Stein und kann keine Mauer errichten', wie viele Häuser würde es dann geben? Würde ein Wassertropfen denken, ‚Ich bin nur ein kleiner Wassertropfen, aus mir kann nie ein Fluss werden', gäbe es dann das Meer? Würde ein Weizenkorn denken, ‚Ich bin nur ein kleines Weizenkorn, mit mir kann kein Bauer sein Feld besäen', gäbe es dann nur eine einzige Ernte? Würde ein Sonnenstrahl denken, ‚Ich bin nur ein Sonnenstrahl, wie kann ich die ganze Erde erhellen', würde es nur Dunkelheit geben."

Dann schwieg der alte weise Mann eine Weile, während der junge Mann, der zu ihm gekommen war, darüber nachdachte, was ihm gesagt worden war. Dann begann der Weise erneut zu sprechen: „So wie ein Haus jeden einzelnen Stein braucht, so wie das Meer jeden einzelnen Tropfen Wasser, so wie jede Ernte jedes einzelne Korn, so wie jeder Tag jeden einzelnen Sonnenstrahl, so braucht die Herde Deine Hingabe und Deine Liebe, um das sein zu können, was sie ist."

> *„Die Stimme, die nur Sie hören, ist die Stimme, der Sie folgen sollten."*

Die moderne Gesellschaft kultiviert viele fehlerhafte Prämissen und Dogmen, die sich zum Nachteil der Menschen auswirken können. Ganz oben auf der Not-To-do-Liste des Lebens steht für den Stoiker der Verzicht, auf die innere Stimme zu hören. Dieser Verzicht ist heute leider zu einem gesellschaftlichen Konsens geworden.

Die meisten Menschen hören lieber auf die vermeintlichen Ratschläge, die ihnen in den Medien begegnen werden als auf sich selbst. Der berühmte dänische Philosoph Kierkegaard drückte es einmal so aus: „Das wahre ethische Individuum ruht mit Sicherheit in sich selbst, weil es keine Pflichten hat, sondern nur eine Pflicht, und weil die Pflicht sich ihm nicht von außen aufdrängt als bloßes Gebot, sondern von innen als der Ausdruck seines innersten Wesens." (Vgl. 39)

Die Gebote, die sich ihnen von außen aufdrängen, haben für den Stoiker nur dann eine Bedeutung, wenn sie im Einklang mit den Maximen der Stoa stehen. Alles, was außen ist, kommt von innen. So ist es die oberste Pflicht des Stoikers, die Stimme des Logos in sich selbst wahrzunehmen. Das gelingt ihnen jedoch nicht in der lärmenden äußeren Welt, sondern nur in der Stille der Einkehr. Diese Stimme ist die Stimme der Stille, sie spricht durch die Stille. Sie kennt keine Meinungen, sie kennt nur das Wesen, das Sie selbst im Innern sind. Im Taoismus heißt es darum: „Im Inneren deines Seins ist die Antwort. Du weißt, wer du bist und du weißt, was du willst." (Vgl. 40)

Sie sollten es sich zur Regel machen, täglich eine halbe Stunde zu meditieren. Dafür stehen Ihnen z. B. Achtsamkeitsmeditationen zur Verfügung, bei denen Sie lernen, bewusst mit Ihren Gedanken umzugehen. Sie können aber auch traditionelle Meditationsformen in Kombination mit Yoga wählen. Dabei erfahren Sie, wie Sie den Strom der oszillierenden Gedanken auflösen, wie Sie jenseits dieser Gedanken im Gegenwartspunkt angelangen können, an dem Sie Ihre innere Stimme wahrnehmen können.

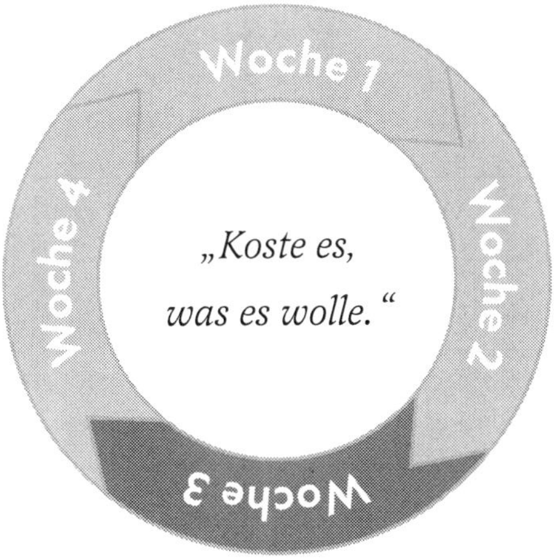

Es war im alten Athen, wo eines Tages ein Schüler der Stoa zu seinem Meister kam. Er war mit seinen Erfolgen beim Studium der Prinzipien unzufrieden. Viel mehr hatte er sich erhofft, da er sich für einen intelligenten Menschen hielt. Als der Meister von seinen Sorgen erfuhr, erzählte er dem Schüler eine Geschichte.

Sie handelte von einem Schüler wie ihm, dem eine bestimmte Verhaltensregel an die Hand gegeben worden war. Sie lautete: „Suche, und Du wirst finden. Klopfe, und Dir wird aufgetan werden.“

Dieser Schüler nun hatte sich bereits durch seine Ungeduld hervorgetan und so nahm er sich vor, diese Verhaltensregel auf ihre Gültigkeit zu überprüfen. Dazu ging er an den Königshof, wo man ihm allerdings zuerst keinen Einlass gewähren wollte. Doch was er sich vorgenommen hatte, das wollte er auch ausführen und so blieb er hartnäckig. Schließlich wurde er tatsächlich vorgelassen, trat vor den Herrscher und sprach diesen sofort auf das an, was ihm brennend auf dem Herzen lag: „Ich bitte um die Hand Eurer Tochter, Majestät“, sprach er.

Es gab nun so manche Könige, die einen jungen Mann, der eine derartige Hitzköpfigkeit an den Tag legte, sofort in den Kerker geworfen hätten. Doch dieser Herrscher war anders. Er zeichnete sich durch seine Güte aus, und so trug er dem jungen Mann eine besondere Mission auf. Diese bestand darin, jenen wertvollen Ring aus dem Fluss zu holen, den seine schöne Tochter bei einer Flussfahrt vor einiger Zeit verloren hatte. Würde er diese Mission erfolgreich beenden und den Ring aus dem Wasser fischen können, würde ihm auch die Hand der Königstocher gehören.

Daraufhin ging der junge Mann sofort zum Fluss hinunter, der unterhalb des Königsschlosses durch den Wald floss. Mit Hilfe eines Trinkbechers, den er bei sich hatte, versuchte er dann, das Wasser des Flusses so lange auszuschöpfen, bis der Ring sichtbar werden würde. Doch auch nach mehr als drei Monaten der mühsamen Schöpfarbeit wollte sich kein Erfolg einstellen.

Noch immer war der Ring verloren. Schon seit einiger Zeit nun waren die Fische, die im Fluss lebten, unruhig geworden ob des seltsamen Menschen, der ihren Fluss ausschöpfen wollte. Sie traten in einem Rat zusammen und fragten einander: „Was ist es, was dieser merkwürdige junge Mann dort oben will?" Der Älteste des Rates der Fische sprach daraufhin: „Er will den Ring der Königstochter, den sie einst verlor und der nun auf dem Grunde unseres Flusses liegt." Die Fische waren ratlos, doch der Älteste sprach: „Ihr solltet weise sein und dem jungen Mann den Ring zurückgeben. Wie ich sehe, ist er hartnäckig genug und besitzt genügend Herzensfeuer, um unseren ganzen Fluss leer zu schöpfen. Was hätten wir davon?"

Aus Furcht, dass der Fluss trockengelegt werden könnte, taten sie, wie der Älteste ihnen riet: Sie warfen den wertvollen Ring in den Trinkbecher des jungen Mannes, der traurig am Ufer stand. Voller Glück lief dieser dann zurück zum König, der von dessen Hartnäckigkeit sichtlich überrascht und beeindruckt war. Ein solch zielstrebiger Jüngling würde der richtige Gemahl für die Königstochter sein.

Der König sprach also: „Dein Tatendrang und Deine Zielstrebigkeit haben Dich wieder an meinen Hof zurückgebracht. Als Belohnung kannst Du nun um die Hand meiner Tochter anhalten."

Mit diesen Worten beendete der Meister die Geschichte und sprach zu dem Schüler, der sorgenvoll zu ihm gekommen war, folgende Worte: „Siehst Du, wer mit dem Feuer des Herzens entschlossen und hartnäckig ist und sich nicht von seinem Ziel abbringen lässt, kann alles erreichen, was er will."

> *Auch wenn es klein und unbedeutend scheint, wenn es wahr ist, ist es kostbar.*

Dieser Ausspruch ist Ihnen natürlich bekannt. Er wird häufig von Menschen verwendet, die entweder allzu draufgängerisch und unüberlegt ein Ziel erreichen wollen oder aber von jenen, für die Geld im Leben keine Rolle spielt. Sie als Stoiker aber verwenden diesen Ausspruch ganz anders: Sie drehen ihn um, verkehren ihn in sein Gegenteil, d. h. Sie wenden ihn im immateriellen Sinne der Stoa an. Setzen Sie ihn um, indem Sie sich täglich bewusst machen, dass Sie die stoizistische Lebensweise und ihre Maxime nicht aus den Augen verlieren wollen, „koste es, was es wolle".

Für Sie zählt das innere Wesen der Dinge, nicht die äußere Erscheinungsform, die sich ständig ändert. Standfestigkeit in den Handlungen, bedeutet Standfestigkeit im Denken. Und nur Ihr authentisches inneres Wesen, symbolisiert durch die stoizistische Seelenruhe, besitzt diese felsenhafte Festigkeit, die Sie benötigen, um den Weg des Gleichmuts erfolgreich zu gehen.

Folgen Sie nicht der Verwendungssucht der meisten Menschen, die ihr Vermögen für Dinge ausgeben, die ihnen keinen wirklichen Mehrwert im Sinn der Stoa bringen. Oder verhelfen Luxus-Autos, die 500.000 Euro und mehr kosten, den Besitzern zu höchster Seelenruhe?

Menschen geben viel Geld und Lebensenergie für Dinge aus, die letztendlich nichtig sind. Achten Sie auf diesen Leitfaden, damit er für Sie nicht zu einem Leid-Faden wird.

Der Weg des Weisen ist kein kurzer und auch kein schnelllebiger. Geduld ist vonnöten, um die Dinge zu erreichen oder zu bekommen, die wirklich von Wert sind. Denken Sie immer daran, was Sie mitnehmen können, wenn das Ende Ihrer physischen Existenz gekommen ist und Sie sterben. Diese Dinge können kosten, was sie wollen. Es werden keine materiellen Dinge sein, was auch Marcus Aurelius wusste, als er schrieb: „Nicht den Tod sollte man fürchten, sondern dass man nie beginnen wird, zu leben.“ (Vgl. 41)

Ein junges Mädchen, das in einem kleinen Dorf lebte, hatte die ganze Nacht über geweint. Unendlich traurig war sie, fühle sich verlassen. Die Welt um sie herum schien ihr fremd, sie fühlte sich von ihr unverstanden und verstoßen. Der Grund dafür war, dass ihr Freund ihr vor kurzem mitgeteilt hatte, sie zu verlassen. Das kam aus heiterem Himmel, denn sie dachte, sie wären beide sehr ineinander verliebt. Schlimmer war, dass es bereits das dritte Mal war, dass ihr das mit einem Freund geschah. Sie hatte darum große Selbstzweifel. Auch wusste sie nicht, wie sie jemals wieder einem Mann, den sie liebt, vertrauen könnte. Wäre sie jemals wieder in der Lage, sich zu verlieben? Was war es, was sie mit den Männern falsch machte? Sie wusste es nicht.

Beengt fühlte sie sich plötzlich in ihrer Wohnung, und es war ihr eine Herzensqual, zu Hause zu bleiben. So entschied sie sich nach einer Weile, sich auf den Weg zu einem Berg zu machen, den sie in ihr Herz geschlossen hatte. Es war ihr Lieblingsberg in der Region, in der sie lebte. Instinktiv wusste sie, dass es ihr auf seinem Gipfel viel besser gehen würde, dass all ihre Zweifel von ihr abfallen würden.

Diese Erfahrung hatte sie nämlich schon einmal gemacht. So war es auch wieder. Als sie zum Gipfel emporstieg, war der Himmel strahlend blau, und sie durchquerte wilde, weißblaue Felder aus Krokussen. Und als sie schließlich auf dem Gipfel ihres Lieblingsberges ankam, war sie so erschöpft von dem Weg, dass sie augenblicklich die Augen schloss und einschlief.

Im Traum sprach eine Stimme sanft zu ihr: „Du darfst nicht weinen über das, was gestern war. Es ist vorbei. Sorge Dich nicht um das, was morgen kommt, es ist noch nicht geboren. Erlebe diesen sonnigen Tag mit Freude. Weil Du traurig sein kannst, bist Du ein Mensch, der tiefe Gefühle haben kann. Sei froh darüber, Du bist etwas Besonderes. Und denke immer daran, dass Liebe zu anderen Menschen immer mit der Liebe zu Dir selbst beginnt."

Dann öffnete sie ihre Augen. Sie wusste nicht, ob sie geträumt hatte oder wach war. Doch sie sah, wie gerade ein wunderschöner Schmetterling himmelwärts flog. Jahre vergingen und das Mädchen fand einen neuen Freund, den sie innig liebte. Als sie eines Tages mit ihm zusammen auf den Gipfel ihres Lieblingsberges ging und in seinen Armen lag, hörte sie das Rufen ihrer Kinder: „Schaut her! Noch nie haben wir so viele schöne Schmetterlinge gesehen!"

> „Nicht nur der Tag soll genutzt werden, auch jeder Gedanke."

Obwohl der Begriff „Gedankenhygiene" sehr technokratisch klingt, trifft er im Kern das, was der Stoiker betreibt. Da seine Gedanken alles sind, was er wirklich selbst kontrollieren kann, liegt es an ihm, immer darauf zu achten, welche Gedanken er denkt, welchen er nachfolgt und welche er weiterziehen lässt. Der Grund dafür ist ein psycho-kosmologischer. Marcus Aurelius macht auf ihn mit diesen Worten aufmerksam: „Auf die Dauer nimmt die Seele die Farbe der Gedanken an." (Vgl. 42)

Der römische Kaiser und Philosoph wies damit auch auf die Natur der Seele hin, die er, modern ausgedrückt, als ein „Speichermedium" verstand. Ihre Gedanken hinterlassen nicht nur Abdrücke in diesem Medium, sie füllen es auch an. Sie nutzen den vorhandenen Speicherplatz mit anderen Worten. Diese Einfärbung der Seele ist es, mit der Sie leben. Jeden Tag. Was für die Lebenspraxis als Stoiker bedeutet: Je häufiger Sie negative Gedanken haben, desto mehr nimmt Ihre Seele die Farbe bzw. das Wesen dieser Gedanken an. Nach und nach entwickeln Sie sich zu einer negativen Person, deren Wahrnehmung und Denken von den seelischen Kräften mitgeformt und ausgeformt wird. Alles, was Sie erleben, bekommt immer mehr eine negative Einfärbung. Sie sind irgendwann nicht mehr in der Lage, das Positive zu erkennen und Glück zu empfinden. Mit anderen Worten tragen Sie das ganze Gegenteil einer rosaroten Brille.

Vielmehr sollten Sie darauf achten, dass Sie durch Gelassenheit und Gleichmut und durch das bewusste Distanzhalten zu den Dingen Ihre Seele unbelastet lassen. Können Sie diese Ruhe beibehalten, empfinden Sie ein Gefühl innerer Geborgenheit. Gleichzeitig aber fühlen Sie sich ungezwungen und frei von äußeren Zwängen, was die Quelle aller Gelassenheit und stoizistischen Glücks ist. Und es ist das Gegenteil von dem, was es zu vermeiden gilt: Selbstbeschränkung, Verbissenheit, mangelnde Flexibilität und Engstirnigkeit, durch die sich ein Mensch seine wahre Chance auf Erkenntnis selbst verstellt. Auf dem Weg dorthin sind diese Worte von Marcus Aurelius zu bedenken: „Wie die Gedanken sind, die du am häufigsten denkst, ganz so ist auch deine Gesinnung. Denn von den Gedanken wird die Seele gesättigt." (Vgl. 43)

MAI

„Bedenke, was du bist: Vor allem ein Mensch, das bedeutet, ein Wesen, das keine wesentlichere Aufgabe hat, als seinen freien Willen."

– Epiktet (Vgl. 44)

Ein Mann hatte es sich vorgenommen, auf alle Fälle und mit allen Mitteln reich zu werden. Er hatte von einem weisen Mann gehört, den er fragen wollte, wie er das erreichen könnte. Also ging er zu ihm. Der Weise wohnte in einer kleinen Hütte außerhalb des Dorfes.

Der Mann klopfte, machte die Tür auf und begrüßte den Weisen, doch ohne, dass er auch nur ein einziges Wort gesprochen hätte, sprach der weise alte Mann: „Komm Fremder, ich will Dich zum Reichtum führen."

Der Weise verließ seine Hütte und der Mann folgte hinterher. Der Weg, den sie beide gingen, war mühsam und auch steil und nach einer Weile des Wanderns gelangten sie zu einem Bergsee, der türkisblau in der Sonne strahlte.

Der Weise ging an das Ufer des Sees und zeigte mit seinem Finger auf den See hinaus. An einer Stelle nicht weit vom Ufer entfernt sah der Mann etwas auf dem Grund glitzern. Dann sprach er: „Siehe, dort unten! Das ist ein kostbarer Schatz, der Dich reich macht."

Der Mann erwiderte: „Ich weiß nicht, ob ich dort hinkomme, denn ich bin kein guter Schwimmer. Außerdem müsste ich zum Grund tauchen und der See ist tief. Auch ist sein Wasser klar und kalt."

Daraufhin lächelte der weise alte Mann: „Ach, so geht es vielen. Sie sind voller Zweifel und ihnen ermangelt es an Mut, denn sie lauschen nicht der Stimme in ihrem Innern. So warten sie ein ganzes Leben lang in der Hoffnung, dass ihnen das Glück hold ist."

Als der Mann das hörte, nahm er sich ein Herz und sprang wagemutig in den Bergsee. Dann schwamm er zu der Stelle, an der der Schatz lag. Es dauerte nicht lange, bis der Mann wieder auftauchte und glücklich ausrief: „Hier! Schau her!" In seiner Hand befanden sich zig kostbare Edelsteine.

„Wer sich in sich zurückziehen kann,
wird in der äußeren Welt
nie mehr allein sein."

Was ist richtig, was ist falsch? Die ewige Frage, die sich zigmal am Tag stellt, die Gedanken beschäftigt und belästigt, ohne dass Sie jemals zu einem Ergebnis kommen. Auf den Grund dafür weist der französische Schriftsteller und Philosoph Robert Musil hin: „Wir haben heute keine inneren Stimmen mehr; wir wissen heute zu viel, der Verstand tyrannisiert unser Leben." (Vgl. 45)

Zugegeben, es ist schwierig, immer seinem Weg zu folgen. Unerwünschtes und Ungebetenes gibt es immer wieder. Niemand kann dem entfliehen. Doch um Flucht geht es dem Stoiker auch nicht. Er geht ihm um Einkehr und darum, die Hindernisse von innen heraus zu bewältigen. Es wird in Ihrem Leben schon häufig vorgekommen sein, dass Sie eine richtige Entscheidung treffen wollten, aber von Ihrem Umfeld, sei es privat oder beruflich, daran gehindert wurden. Sie kamen einfach nicht an gegen unprofessionelle, unsachliche, unreflektierte und auch irrige Behauptungen. Alle redeten durcheinander, keiner konnte seine Sätze beenden, jeder unterbrach den anderen. Und für Sie war es auch nicht mehr möglich, sich auf das Wesentliche zu konzentrieren.

Die Ablenkung des Geistes ist ein Wesenszug des Materiellen. Das gilt auch für Menschen und deren Meinungen, die sich allein durch materiell erscheinende Kausalitäten zu legitimieren versuchen. An der geistigen Komponente müssen sie scheitern, weil diese die übergeordnete ist. Sie gehen den falschen Weg und kommen zu falschen Schlüssen. Da Sie das als Stoiker erkennen, gehen Sie den entgegengesetzten Weg nach innen und hören auf Ihre innere Stimme. Seneca schrieb: „Ziehe dich in dich selbst zurück, so viel du kannst; verkehre mit denen, die dich besser machen, und verstatte solchen den Zutritt, die du besser machen kannst." (Vgl. 46)

Eines Tages ging ein junger Mann in seiner Verzweiflung zu einem Weisen. Diesen bat er um Hilfe: „Meister, ich bin verzweifelt mit meinem Leben. Ich fühle mich wertlos und weiß nicht, was ich mit mir anfangen soll. Alle sagen zu mir, ich sei ein Taugenichts, und ich sei so ungeschickt, dass ich alles, was ich anfassen würde, falsch mache. Auch sei ich dumm und mit mir könne man nichts machen. Ich bin so traurig, Meister. Wie kann ich das nur ändern? Wie kann ich bewirken, dass andere Menschen eine bessere Meinung von mir bekommen?"

Der Meister schaute den jungen Mann, der ihm sein Leid klagte, nicht an, sondern sprach: „Das ist traurig, aber ich kann es nicht ändern. Und helfen kann ich Dir auch nicht, da ich selbst ein Problem habe, das ich lösen muss. Vielleicht kann ich Dir anschließend helfen." Nach einer kurzen Pause erklärte er weiter: „Wenn Du mir aber zuerst helfen könntest, mein Problem schnell zu lösen, dann kann ich mich auch Deines Problems annehmen."

Der junge Mann willige stotternd ein. „Gut" erwiderte der Meister und zog im selben Augenblick einen Ring von seinem Finger ab, übergab ihn dem jungen Mann und sagte: „Draußen steht ein Pferd. Nimm es und reite sogleich in die Stadt zum Markt. Dieser Ring hier muss verkauft werden, da noch eine Schuld von mir beglichen werden muss. Sorge aber dafür, dass Du den höchsten Preis für ihn bekommst. Er darf nicht weniger als einen Goldtaler bringen. Dann komm mit dem Geld wieder zurückgeritten."

Der Junge tat, wie ihm aufgetragen, erreichte den Markt und begann damit, den Ring des Meisters bei den Händlern anzupreisen. Als der junge Mann jedoch den Preis nannte, den der Ring erbringen sollte, lachte so mancher Händler laut. Andere waren nicht mehr weiter interessiert. Ein alter Mann jedoch war auf dem Markt, der ihm höflich sagte, dass ein Goldtaler für diesen Ring viel zu viel sei. Ein anderer Händler bot einen Silbertaler und einen Becher aus Kupfer dazu. Doch der junge Mann musste ablehnen.

Nach mehreren Stunden vergeblicher Suche nach einem Käufer ritt er deprimiert wieder zum Meister zurück. Er erzählte ihm, dass er ein, zwei oder sogar drei Silbertaler für den Ring bekommen hätte, doch dass er es nicht geschafft hätte, einen Händler zu täuschen.

Der Meister antwortete: „Gut, dann ist es wichtig, zuerst den echten Wert dieses Ringes herauszufinden. Reite wieder zum Markt und lasse ihn vom Schmuckhändler schätzen. Frag ihn, was er Dir dafür geben würde. Doch darfst Du ihn nicht verkaufen. Bring ihn wieder hierher zurück."

Wieder in der Stadt fragte der junge Mann den Schmuckhändler, der den Ring genau untersuchte, ihn wog und dann sagte: „Richte Deinem Meister aus, dass ich den Ring kaufen würde. Wenn er ihn jetzt verkauft, kann er von mir dafür 60 Goldtaler bekommen." Der junge Mann war überrascht; „60 Goldtaler!" Die Händler erwiderte: „Wenn Dein Meister geduldig wäre, würde er mit Sicherheit sogar 80 Goldtaler bekommen. Doch da es ein Notverkauf ist …"

Der junge Mann ritt wieder zurück und erzählte dem Meister aufgeregt davon, was der Händler ihm gesagt hatte. Der Meister lächelte und sagte: „Bleib ganz ruhig und setz Dich hier hin. Du selbst bist wie der Ring, den ich Dir gegeben habe. Du bist wie ein Schmuckstück, das einzigartig ist. Und, wie im Falle dieses Ringes, kann nur ein Fachmann auch Deinen Wert erkennen. So irre also nicht durch das Leben und erwarte von jedem Menschen, den Du triffst, dass er Deinen Wert erkennen könne." Während er diese Worte sprach, setzte er sich den Ring wieder auf seinen Finger.

> *„Auf beiden Seiten eines Hindernisses finden sich die Teile eines Ganzen."*

Praktizieren Sie täglich ein stoizistisches Verhalten, wird Ihnen bereits vor der eigenen Haustür auffallen, dass die Menschen, die an Ihnen vorbeigehen oder denen Sie begegnen, eine Uniform tragen. Würden Sie sie darauf ansprechen, sie würden es sofort verneinen, dass es so ist. Doch schauen Sie sich achtsam um: Der Geschäftsmann, der etwas auf sich hält, trägt einen teuren Designer-Anzug; der Polizist, der sich für die Aufrechterhaltung der öffentlichen Ordnung verantwortlich fühlt, ist an seiner Kleidung sofort zu erkennen; der Mönch trägt das klösterliche Gewand seines Ordens, der Mechaniker den blauen Overall.

Doch woran ist der Stoiker zu erkennen? Was trägt er oder sie? Er ist nicht an seinem äußeren Aussehen erkennbar. Das Einzige, was ihn als einen solchen erkennbar macht, sind seine Handlungen. Sie kommen als ein Mensch, der den Erkenntnissen der Stoa folgt, nicht irgendwelchen trendigen Stereotypen nach. Sie bedienen keine kurzzeitigen Modeerscheinungen. Ihr Blick ist auf das Immanente, das Dauerhafte gerichtet, auf das, was Bestand hat und haben wird. Auch wenn Sie sich körperlich so bewegen wie andere Menschen auch, so sind Sie innerlich doch unbewegt und haben Ihre Emotionen, Gefühle und Affekte unter Kontrolle.

Seien Sie der Mensch, der Sie innerlich sein wollen und der den Platz ausfüllt, der Ihnen zugewiesen wurde. Es war Friedrich Nietzsche, der die folgende Aussage traf: „Es geht geisterhaft zu, jeder Augenblick des Lebens will uns etwas sagen, aber wir wollen diese Geisterstimme nicht hören. Wir fürchten uns, wenn wir allein und still sind, dass uns etwas in das Ohr geraunt werde, und so hassen wir die Stille und betäuben uns durch Geselligkeit." (Vgl. 47)

Kaum hatte ein Mann sein Auto durch eine Waschstraße gebracht, kam ein Junge herbeigelaufen und begann begeistert, das Auto zu polieren. Er sagte zu dem Mann: „Was ist das für ein super Wagen, den sie da haben! Ist das Ihrer?“ Der Mann erwiderte: „Ja, ich habe ihn von meinem Bruder geschenkt bekommen.“ Der Junge schien voller Verwunderung zu sein, als er fragte: „Er war ein Geschenk? Er war ganz umsonst?“ „Ja“, antwortete der Mann, „ich habe nichts dafür bezahlt.“ „Ach, das wäre schön ...“, fuhr der Junge mit einigem Zögern in der Stimme fort, woraufhin dem Mann bewusst wurde, was der Junge meinte. Auch er wünschte sich ein solches Auto. Dann sprach der Junge weiter und der Mann schien augenblicklich verwundert zu sein: „Ach, wäre das schön, wenn ich auch die Möglichkeit hätte, so ein Bruder zu sein.“ Diese Worte, mit denen der Mann nicht gerechnet hatte, bewegten sein Herz zutiefst, sodass er den Jungen fragte: „Würdest Du mit auf eine Stadtrundfahrt kommen wollen?“ Der Junge brauchte darauf nicht zu antworten, denn seine Augen begannen hell zu leuchten: „Im Ernst? Sie würden mit mir eine Stadtrundfahrt machen? Das wäre toll!“

Also fuhren sie beide los. Nach einer Weile stellte der Junge dem Mann plötzlich eine Frage: „Ach, ist es möglich, dass Sie dort an der

Ecke kurz anhalten. Da wohne ich nämlich. Es dauert nicht lange." Der Mann schmunzelte und nickte dem Jungen zu. Bei sich dachte er, dass der Junge jetzt wohl Bruder oder Schwester oder Freunde rufen würde, sich das Auto mal anzuschauen oder zu fragen, ob auch sie mitfahren dürften. Doch es kam anders. Es dauerte nicht lange, da kam der Junge wieder aus dem Haus, in das er gegangen war. Doch er war nicht allein. Vor sich her schob er einen Rollstuhl, in dem ein anderer Junge saß, der jünger war als er. Als sie beide am Auto waren, sagte der Junge: „Schau, mein Bruder, dieses Auto hat der Mann, der es fährt, von seinem Bruder geschenkt bekommen. Irgendwann werde auch ich Dir ein solches Auto schenken, damit Du hinfahren kannst, wohin du willst!"

Der Mann war davon tief gerührt, stieg aus und hob den Jungen aus dem Rollstuhl ins Auto auf den Beifahrersitz. Die Augen des Jungen leuchteten wie vielleicht nie zuvor, und so machten die drei eine Stadtrundfahrt, die keiner von ihnen jemals vergaß.

> *„Das, was von innen kommt, überdauert das, was niemals nach innen dringen kann."*

Auf die Frage hin, was Schönheit und Rechtschaffenheit gemein haben, würden viele Menschen keine Antwort wissen. Zu weit scheinen sie beide auseinanderzuliegen. Doch für den Stoiker ist Schönheit das Resultat von Rechtschaffenheit. Beides kommt von innen her. Denken und handeln Sie rechtschaffen im Sinne der stoizistischen Erkenntnistheorie, schaffen Sie Schönes und bringen Schönheit in die äußere Welt.

Blicken Sie sich um: Welchen Schönheitsidealen folgen die Menschen? Vorgefertigten, profitablen Konzepten, für die in nicht wenigen Fällen die Schädigung der körperlichen, wie geistigen Gesundheit aufs Spiel gesetzt wird. Schönheitschirurgen auf der ganzen Welt kreieren den perfekten Menschen. So scheint es. Es werden die Äußerlichkeiten modifiziert, damit sie in ein gesellschaftlich genormtes Schönheitsraster passen. Und wenn es um die Umwelt geht, wird reißbrettartig durchgeplant, wie die Natur auszusehen hat.

All das hat nichts mit wirklicher Schönheit zu tun. Wie kann es auch? Denn all diese Aspekte gesellschaftlich genormter Schönheit unterliegen nicht der Kontrolle des einzelnen Menschen. Ob eine Frau schlank oder rundlich ist, ob sie hohe Wangenknochen oder kürzere Beine als andere hat, liegt außerhalb der stoizistischen Kontrolle. Menschen werden damit geboren und es ist ihre Aufgabe, diese Gabe der Natur, auch wenn sie nicht gesellschaftlichen Vorstellungen entsprechen mag, zu akzeptieren. Wirkliche Schönheit wird innen erschaffen und strömt nach außen. Sie besteht aus einem ausgeprägten stoizistischen Gerechtigkeitssinn, emotionale Ausgeglichenheit und vor allem auch Verantwortungsbewusstsein.

Wer gerecht sein will, trägt Verantwortung für diese Gerechtigkeit.

Leider wird die Gerechtigkeit schon seit Langem in Bücher und Paragrafen verbannt, sodass das Band zwischen ihr und dem Menschen unkenntlich wird. Gerechtigkeit, die auch Bestand hat, gehört wie Schönheit in die Gedanken der Menschen, von wo aus sie beide wirken und das Leben glücklicher gestalten können. Zur Gerechtigkeit äußerte sich Marc Aurel wie folgt: „Zeige Gemütsruhe den Dingen gegenüber, die von äußeren Ursachen herkommen, und Gerechtigkeit bei denen, die von der eigenen Tatkraft bewirkt werden, das heißt, dein Streben und Tun soll kein anderes Ziel haben als das allgemeine Beste, denn das ist deiner Natur gemäß." (Vgl. 48)

Im alten Tibet ging einmal die Kunde von einem weisen Mönch um, der fernab der Seidenstraße in einem Kloster lebte, das in einem abgelegenen Hochtal zu finden war. So geschah es, dass eines Tages eine Frau die Strapazen auf sich nahm, das Kloster und den weisen Mönch aufzusuchen. Nach einer beschwerlichen Reise erreichte sie das Kloster und wurde von dem Weisen herzlich begrüßt.

Als sie ihm jedoch den Grund für ihr Kommen verriet und er von dem Wunsch erfuhr, dass er ihr ihre Zukunft voraussagen sollte, sprach der Mönch: „Diesen Wunsch muss ich Dir leider verweigern.“

Daraufhin erzählte die Frau dem Weisen, wie viel Geld sie schon zur Erhaltung dieses alten Klosters gespendet hätte, woraufhin der Mönch zu ihr sprach: „Damit ich die Linien in Deiner Hand deuten kann, musst Du mir nun Deine Hand reichen.“

Noch nie zuvor hatte der weise alte Mann einem anderen Menschen den Wunsch erfüllt, diesem seine Zukunft aus der Hand zu lesen. So war die Frau auch sehr nervös, als der Mönch ihre Hand nahm und mit dem Fingern ganz vorsichtig die Linien in ihrer Hand entlangfuhr und dabei leise vor sich hinmurmelte: „Oh, was ist denn das? Das ist aber bemerkenswert, wirklich interessant. Ganz außergewöhnlich." Als die Frau das hörte, war sie noch ungeduldiger als zuvor und war gespannt, von welcher Zukunft der Mönch sprechen würde.

Es dauerte einige Minuten, bis der Weise die Hand der Frau wieder losließ und zu ihr sagte: „Liebe Frau, in Deiner Hand ist Deine Zukunft eingeschrieben, und Du bist Dir sicher bewusst darüber, dass ich mich noch nie geirrt habe."

Die Frau antwortete: „Ja, das bin ich. Ich bin mir voll bewusst darüber. Doch sag mir nun, wie meine Zukunft aussieht."

Dann sprach der Mönch: „Was Deine Zukunft betrifft, so ist diese ungewiss. Es hängt ganz allein von Dir ab, wie sie wird."

> *„Führen Sie jede Tat Ihres Lebens so aus, als wäre es Ihre letzte."*

Überlegen Sie sich einmal, wie oft Sie sich schon nach einem ereignisreichen Tag gefragt haben, was er Ihnen ganz persönlich gebracht hat. Es waren sicherlich sehr viele Male, bei denen Ihnen keine zufriedenstellende Antwort einfiel. Sie waren unterwegs, haben viel gearbeitet, waren für andere Menschen da oder spielten vielleicht sogar die eine oder andere Rolle, um einen bestimmten Erfolg zu erzielen. Sie haben sich der Gesellschaft ohne Fragen hingegeben und wurden von ihr vereinnahmt. Mit Körper und Geist. Am Abend dann sind Sie erschöpft, ausgebrannt und wollen von nichts mehr etwas hören. Auch Ihre Beziehungen zu anderen Menschen mögen darunter leiden.

Carpe Diem! Dieser Sinnspruch stammt ursprünglich von dem römischen Dichter Horaz, der seit der Zeit des Barocks oft zitiert wird. Damals jedoch, in einer Zeit pompöser Kunst und Architektur, wurde er auch auf eine materialistische Weise ausgelegt. Tun Sie das Gegenteil: Pflücken Sie den Tag auf eine stoizistische Weise. Das können

Sie tun, indem Sie etwas nur für sich selbst tun oder aber eine Pause von der alltäglichen Routine einlegen, um Distanz zu Ihrem materiellen Leben aufzubauen.

Für den Stoiker bedeutet Distanz die Schärfung der Sichtweise auf die Dinge. Ein Tag hat 24 Stunden und jeder Tag existiert nur einmal in Ihrem Leben. Verfallen Sie nicht dem Fehler, Dinge aufzuschieben, wie es viele Menschen tun. Sie arbeiten ihr Leben lang hart, um dann im Alter ausspannen zu können. Diese gesellschaftlich anerkannte Lebensformel ist eine Illusion. Was Sie sich also in jüngeren Jahren vorstellen, wird im Alter kaum eintreffen.

Ergreifen Sie den Tag und versuchen Sie an diesem Tag, der der Ihre ist, auch das Beste zu geben, was Sie können.

Füllen Sie also Ihren Tag so gut wie möglich mit sinnvollen Aktivitäten aus, die den Vorstellungen der Stoiker gerecht werden. Und vor allen Dingen leben Sie im Jetzt und nicht im Gestern oder morgen. Dann leben Sie so, wie es Horaz in seinem vollständigen Sinnspruch ausdrückte: „Nutze den Tag und verlass dich möglichst wenig auf den folgenden." (Vgl. 49)

Dies ist die Geschichte von einem Mönch, der einsam in den Bergen lebte, und zu dem eines Tages ein paar Wanderer kamen und ihn fragten: „Was ist der Sinn Deines Lebens hier allein in der Stille der Meditation?" Der Mönch, der gerade am Brunnen stand und an einem Eimer frischen Wassers zog, sagte zu den Wanderern: „Kommt her und schaut einmal tief in diesen Brunnen hinein. Sagt mir, was Ihr seht." Als die Wanderer das taten, sprachen sie: „Nichts. Wie können nichts sehen."

Der Mönch lächelte und forderte sie noch einmal auf: „Schaut tief in diesen Brunnen hinein und sagt mir, was Ihr seht." Als sie das taten, waren sie überrascht und riefen aus: „Ah, jetzt können wir uns selbst sehen." Daraufhin sprach der Mönch: „Als Ihr vorhin in den Brunnen schautet, war das Wasser darin bewegt und unruhig, denn ich hatte zuvor Wasser geschöpft. Beim zweiten Mal war es unbewegt und ruhig. Das ist die Erfahrung, die die Stille und die Mediation zuteilwerden lassen. Man kann sich selbst sehen. Doch jetzt seid geduldig und wartet ein wenig."

Es vergingen einige Minuten, bevor der Mönch die Wanderer wieder aufforderte, in den Brunnen zu schauen. Als sie das taten, waren sie abermals erstaunt und sie riefen aus: „Wir können jetzt die Steine am Boden des Brunnens sehen." Der Mönch sagte darauf: „Das ist die Erfahrung, die die Stille und die Meditation zuteilwerden lassen. Man muss nur lange genug warten und es gelingt einem, auf den Grund der Dinge zu blicken."

> *„Unser Leben ist das, wozu unser Denken es macht."*

Selbst die interessantesten, faszinierendsten und schönsten Dinge, die Sie tun können, werden irgendwann zur Routine. Manche verlieren früher, andere später ihren Reiz. Vielleicht sind es ständige Reisen, die Sie unternehmen, und die irgendwann in einer langweiligen Reise-Routine enden; vielleicht sind es Konzert-Besuche, die nach einer Weile eintönig werden; vielleicht ist es aber auch das regelmäßige Essengehen mit Freunden am Wochenende, wo immer über dieselben eingefahrenen Themen geredet und gestritten wird.

Es gibt zahllose Möglichkeiten, das Leben zu einer unglückseligen Routine werden zu lassen. Der Mensch neigt dazu, ein Gewohnheitstier zu sein. Man richtet sich nach einer Weile ein in der Welt, in der man sich wohlfühlt. Das wird auch als Komfortzone bezeichnet. Doch diese Komfortblase ist ein sich selbst legitimierendes Konstrukt, über das die meisten Menschen nach einer Weile ob eines Wohlfühleffekts nicht mehr nachdenken und nachzudenken bereit sind. Sie halten ihre Welt für „die" Welt und bemerken nicht, wie sie sich selbst in ein Korsett aus Denk- und Verhaltensweisen einsperren, bei denen jedes Hindernis möglichst umgangen wird.

Es gibt eine empfehlenswerte praktische Übung für Sie als Stoiker, um diese Blase zerplatzen zu lassen und sich aus dieser oft selbst verordneten Isolation zu befreien: Setzen Sie sich hin und überlegen Sie sich genau, was Sie letzte Woche alles getan haben. Schreiben Sie alles genau auf, auch die Kleinigkeiten. Dann überlegen Sie sich, was

Sie in der kommenden Woche voraussichtlich tun werden oder sich vorgenommen haben. Vergleich Sie dann beides. Sie werden vielleicht mit Erschrecken feststellen, dass es immer dasselbe ist. Haben Sie so einen Überblick über Ihre Aktivitäten, gehen Sie daran, all das aus Ihrem Tagesablauf zu verbannen, was Sie seit jeher gemacht haben.

Es gibt zwei Feuer. Das eine Feuer ist das Feuer der Gewohnheiten, das Ihr Leben lodernd verzehrt. Es ist das Feuer eines Menschen, nämlich Sie selbst, der sich als das sieht, was er ist. Das andere Feuer ist das Feuer der Freiheit. Es lodert auf eine ganz andere Weise: Wen es verzehrt, den befreit es auch. Es ist das Feuer eines Menschen, nämlich Sie selbst, der eigentlich gerne anders wäre, als er ist. Zu welchem dieser beiden Feuer gehört Ihr Leben? Stellen Sie sich diese Frage ganz genau, d. h., lassen Sie nichts aus. In welches dieser beiden Feuer gießen Sie tagtäglich das Öl des Lebens? Und bedenken Sie, was der berühmte irische Dichter und Philosoph Jonathan Swift sagte: „Was nützt die Freiheit des Denkens, wenn sie nicht zur Freiheit des Handelns führt?“ (Vgl. 50)

JUNI

„Bei allem, was du tust, gehe besonnen zu Werke und verwirre dich nicht durch Gedankenmenge; aber siehe, dass du stets die größten Grundsätze im Auge behältst."

– Marcus Aurelius (Vgl. 51)

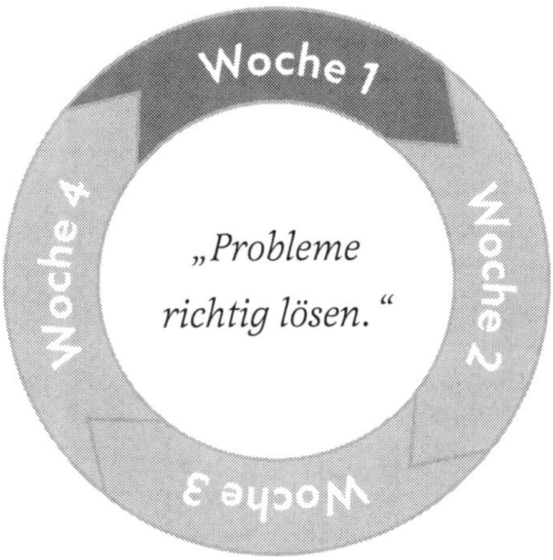

In einem arabischen Land wanderten einmal zwei Freunde durch die heiße Wüste. Plötzlich gerieten die beiden in einen Streit, bei dem der eine dem anderen aus dem Affekt heraus ins Gesicht schlug. Der junge Mann, der geschlagen wurde, war daraufhin sehr gekränkt, kniete sich wortlos in den Sand nieder und schrieb mit seinem Finger einige

Worte in den Wüstensand. Sie lauteten: „An diesem Tage hat mir mein bester Freund ins Gesicht geschlagen." Danach erhob er sich und beide setzten ihre Wanderung durch die Wüste fort.

Nach einiger Zeit erreichten sie eine grüne Oase, wo sie sich entschlossen, im Oasen-See zu baden und sich zu erfrischen. Dann geschah es, dass der junge Mann, der von seinem besten Freund geschlagen wurde, im Morast stecken blieb, sich nicht mehr bewegen konnte und darum fast ertrank. Im letzten Moment jedoch wurde er von seinem Freund gerettet.

Als der Freund, der im Morast stecken geblieben war, wieder bei Kräften war, nahm er einen spitzen Stein zur Hand, kniete nieder und ritzte einige Worte in einen Stein. Sie lauteten: „An diesem Tage hat mich mein bester Freund vorm Ertrinken bewahrt."

Als der andere junge Mann das las, fragte er voller Erstaunen: „Heute Morgen, als ich Dich geschlagen hatte, schriebst Du einige Worte in den Wüstensand. Jetzt, da ich Dich gerettet habe, ritzt Du Deine Worte in Stein. Wieso tust Du das?" Der andere Freund erwiderte darauf: „Wenn ein Mensch einen anderen Menschen kränkt, sollte das in Sand geschrieben werden. So gelingt es dem Verzeihen, diese Worte wieder zu löschen. Wenn ein Mensch aber einem anderen Menschen etwas Gutes tut, sollte das für immer lesbar sein und niemals gelöscht werden können. Darum nahm ich den Stein."

> *„Ein Fluss kann am einfachsten an seiner Quelle überschritten werden."*

Die Welt steckt voller Probleme, mancherorts nehmen sie überhand. Werfen Sie einen Blick in die Tageszeitungen, sehen Sie selbstbestimmte, hochmotivierte Problemlöser-Typen. Immer wieder wird lauthals behauptet, diese oder jene Probleme werden gelöst. So hat es den Anschein.

Doch was ist Selbstbestimmtheit für den Stoiker? Es bedeutet für ihn, Herr über seine eigenen Gedanken zu sein, das Einzige, was er kontrollieren kann. Menschen, die in der Öffentlichkeit stehen und ein hohes politisches Amt bekleiden, sind allein durch die verschiedenen Dogmen, die sie vertreten und denen sie oft auch huldigen, fremdbestimmt. Ihre Problemlösungsansätze verlieren sich in rhetorischen Phrasen, die nur beruhigen und von den Problemen ablenken sollen. Wenn sie hochmotiviert erscheinen, so ist ihnen der Gleichmut, der dem Stoiker zu wichtig ist, ebenfalls fremd. Sie agieren ideologisch motiviert, aber nicht aus einer gefestigten Seelenruhe heraus. Seneca verwies darauf wie folgt: „Warum sind wir denn beleidigt? Warum beschweren wir uns? Ist es das nicht, wofür wir hier sind?" (Vgl. 52)

Wer den Stoizismus verinnerlicht, weiß, dass es immer eines Notfallplanes bedarf. Er dient der Absicherung in einer äußeren Welt, in der nicht selten Murphy's Law zu wirken scheint, das lautet: „Was schiefgehen kann, wird auch schiefgehen." Ein Notfallplan kann vieles bedeuten: Er kann bedeuten, dass Sie etwas vorerst nicht weitermachen können oder dass Sie vielleicht mit einem Vorhaben erneut beginnen müssen. Wenn Sie auf Probleme stoßen, die von anderen Menschen verursacht werden, verfallen Sie nicht dem Fehler, nicht auch verzeihen zu können. Wenn Ihnen klar ist, worin ein Problem besteht, lösen Sie es und akzeptieren Sie die Person oder Personen, die dafür verantwortlich sind, als einen Teil der Lösung.

Denken Sie immer daran, dass die Kraft und die Macht weiterzukommen, in Ihnen selbst liegt. Bei allem, was er tut, vermeidet der Stoiker es zudem stets, im Selbstmitleid zu versinken und sich unnötige Vorwürfe zu machen. Auch hält er die Welt nicht für ungerecht, nur weil er dann und wann auf Probleme stößt. Ganz im Gegenteil, er sieht die Welt als etwas Gerechtes an, und er akzeptiert es auf einem für ihn vielleicht auch problematischen Lebensweg.

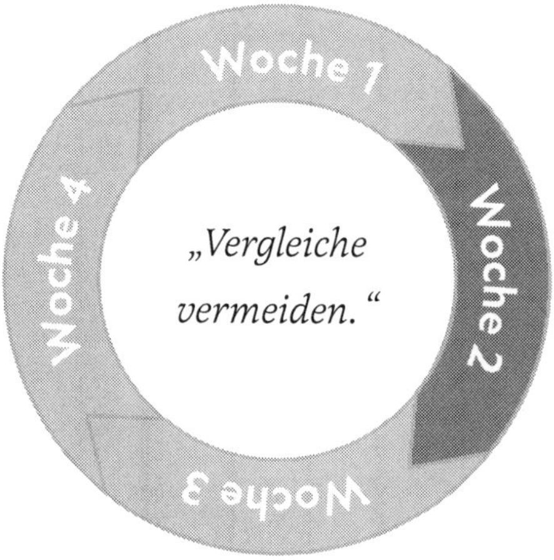

Dies ist die Geschichte einer jungen Frau, die ihre Arbeit verloren hatte. Dann verlor sie ihren Partner, woraufhin sie krank wurde. Kein Wunsch, den sie hatte, war in Erfüllung gegangen. Einer dieser Wünsche war es, echte Freunde zu haben. Ein anderer bestand darin, durch einen guten Job eine gewisse finanzielle Absicherung zu haben. Es waren all die Dinge, die die Menschen in ihrer Umgebung hatten. Und diese schienen sehr glücklich zu sein. Sie beschloss, dass ihr Leben sinnlos geworden war. Doch bevor sie ihrem Leben ein Ende setzen wollte, entschied sie sich noch einmal, einen Mann aufzusuchen, von dem man sagte, er sei weise. Er hatte schon vielen Menschen, die in einer Notlage waren, mit Ratschlägen zur Seite gestanden. Also ging sie zu ihm und stellte folgende Frage: „Kannst Du mir nur einen Grund nennen, warum ich nicht mein Leben beenden sollte?"

Der alte Mann musterte sie, dann ging er mit ihr in einen wunderschönen großen Garten mit vielen Pflanzen, der hinter seinem Haus lag. Er sagte zu ihr: „Schau dort: Das sind Farn und Bambus. Ich habe beide Pflanzen am selben Tag gepflanzt, setzte ihre Samen in die Erde und goss sie mit frischem Wasser. Auch ausreichend Licht bekamen sie.

Es dauerte nicht lange, bis der junge Farn die Erde durchbrach und sichtbar wurde. Er wurde schnell größer und wuchs prächtig. Der Bambus jedoch, der am selben Tag gepflanzt wurde, war nicht zu sehen. Kein Trieb ließ sich über der Erde blicken. Dennoch dachte ich niemals daran, aufzugeben. Was den Farn betraf, so wuchs dieser weiter prächtig heran, während auch zwei Jahre später vom Bambus kein einziger Trieb sichtbar war. Trotzdem machte ich weiter und pflegte beide Pflanzen gleichermaßen so gut ich konnte. Dann kam das dritte Jahr. Der Farn war zu einer großen Pflanze herangewachsen, vom Bambus war immer noch nichts zu sehen. Doch ich machte immer weiter. Im vierten Jahr war es genauso. Erst zwei Jahre danach, im sechsten Jahr also, sah ich einen ersten kleinen Bambus-Trieb, der aus der Erde schaute. Das machte mich überglücklich. Er war fast unscheinbar, doch es war ein erster Trieb.

Dann ging es los: Innerhalb kurzer Zeit, es waren vielleicht einige Monate, wuchs der Bambus zu einer großen Pflanze heran, die eine Höhe von mehr als 8 Metern erreichte. Es waren ganze sechs Jahre, die es dauern sollte, bis die Wurzeln des Bambus stark genug waren, um eine große Pflanze zu tragen, und sich die ersten Triebe zeigten. Als dies geschehen war, wuchs die Pflanze sogar schneller als der Farn. Das zeigt Dir, dass jede Pflanze ihre eigene Bestimmung hat.“

Die Frau, die dem weisen alten Mann zugehört hatte, verstand, was er ihr damit sagen wollte, und war froh, ihr Leben mit neuem Lebensmut weiterführen zu können.

> ”*Das Leben gibt es, dass Minus auch Plus sein kann.*“

Schauen Sie sich um: Was ist es, was die Menschen antreibt? Es ist der äußere Schein der Dinge, der niemals vollkommen sein kann. So jagen sie der Vollkommenheit hinterher. Diese Illusion ist der Antrieb für Trends, Mode, Ideologien, die nach scheinbar erreichbarer Perfektion streben, und vieler anderer Dinge, die Sie im alltäglichen Leben beobachten können. Oder sind Sie selbst davon betroffen? Es lässt sich nicht einfacher ausdrücken, als es Marcus Aurelius einmal tat: „Überall dasselbe Schauspiel, nur von anderen Personen aufgeführt." (Vgl. 53)

Einer will es besser machen als der andere, was dazu führt, dass es beide schlecht machen und das Schicksal seinen Lauf nimmt. Der eigentliche Grund für dieses Fehlverhalten liegt in der Neigung des Menschen, sich ständig mit anderen Menschen vergleichen zu müssen. Viele ziehen geradezu ihren Lebenssinn aus dieser gedanklichen Aktivität und legen damit das Fundament für ständiges Unglücklichsein. Was hat dieser oder jene Person, was ich nicht habe? Warum kann sich diese Person dieses oder jenes leisten und warum ich nicht? Diese und ähnliche Fragen stellen Sie sich dann in solchen Fällen. Ihre Gedanken schwirren buchstäblich von Ihnen weg. Dabei sind Vergleiche wie unsichtbarer Klebstoff. Wenn Sie dieser Vergleichssucht verfallen, sind Sie gefangen in einem oszillatorischen Prozess, den man auch gemeinhin als Nullsummen- und Plussummenspiel bezeichnet.

Gehen Sie den Weg der Inspiration, nicht des Neids, der Missgunst, des Unglücklichseins und wählen Sie also das Plussummenspiel. Tun Sie dies, was Sie können und tun Sie es so, wie Sie es können. Sie haben es nicht nötig, sich mit anderen Menschen zu vergleichen. Auch hier ist es empfehlenswert, sich die Worte von Marcus Aurelius ins Gedächtnis zu rufen: „Wünschst du wohl, von einem Menschen gelobt zu werden, der in einer Stunde dreimal sich selbst verflucht? Oder wolltest du wohl dem gefallen, der sich selbst nicht gefällt?" (Vgl. 54)

Dies ist die Geschichte einer kleinen Palme, die am Rande einer Wüstenoase stand und einen prächtigen Wuchs hatte. Dann trug es sich zu, dass ein Mann vorbeikam und die Palme sah. Doch er mochte es nicht, dass diese Palme so einen kräftigen Wuchs hatte, so nahm er also einen Stein auf, stieg mit diesem die Palme hoch und legte ihn in ihre Krone hinein. Dann ging er voller Schadenfreude weiter. Obwohl die Palme alles daransetzte, den Stein aus ihrer Krone zu schütteln, schaffte sie es nicht, sodass sie verzweifelte. Sie hatte jetzt nur eine Wahl: Ihre Wurzeln mussten so tief in den Erdboden vordringen, dass sie mehr Halt bekommen würde, um nicht unter dem Gewicht des schweren Steins zusammenzusinken. Das tat sie, und nach einer ganzen Weile reichten ihre Wurzeln sogar bis zum Quellwasser der Wüstenoase. Und obwohl sie den Stein nicht abschütteln konnte, hatte sie nun festen Halt und wurde schon bald zur stärksten Palme in der gesamten Oase.

Dann, nach einigen Jahren, kehre der Mann in die Oase zurück, um zu sehen, was mit der kleinen Palme inzwischen geschehen war und wie verkrüppelt und verwachsen sie nun sein würde. Seine Schadenfreude war groß und sie wäre noch größer, wenn es die Palme überhaupt nicht mehr geben würde. Doch zu seinem Erstaunen fand er keine verwachsene oder verkrüppelte Palme in der Oase. Er war verwundert und überrascht, als sich dann die mächtigste Palme in der ganzen Wüstenoase zu ihm hinunterbog und sprach: „Danke, dass Du mir damals den Stein in meine Krone legtest. Seine schwere Last hat mich gestärkt."

> *Wer kämpft, um zu gewinnen, wird nichts ernten, wozu es sich zu leben lohnt.*

Besonders wahre Erkenntnis muss mühselig erlangt werden. Kein Stoiker, der nach den Prinzipien der Stoa lebt, hat die Weisheit, die er erlangen mag, mit dem Leben in die Wiege gelegt bekommen. „Der Geist fällt nicht vom Himmel", lautet ein bekannter Sinnspruch und er entspricht der Wahrheit.

Der Mensch von heute ist in der Regel dem Irrtum verfallen, dass das Leben ein Wunschkonzert sei. Fast alles ist im Regelfalle in dieser Gesellschaft immer erhältlich. Und das mit Leichtigkeit und ohne Anstrengung, ein Umstand, der gefährlich ist, weil er den eigenen Willen, etwas zu erreichen, abstumpfen lässt. Bei vielen Menschen verkümmert dadurch die innere Stärke, etwas wirklich zu wollen und sich dafür auf konstruktive Weise auch einzusetzen. Was immer es sein mag, sie machen z. B. den PC an, klicken auf etwas und bekommen es schließlich ins Haus geliefert. Diese Handlungsroutine, die Ursache und Wirkung miteinander verknüpft, ist sehr kurz.

Wird mit anderen Worten eine Strecke von A nach B so zurückgelegt, dass die Strecke als solche nicht zu erkennen ist, sind Sie der Verlierer. Sie verlieren wertvolle Erfahrungen, die zwischen A und B liegen und die Ihnen Erkenntnis bringen können. Erkenntnis beruht immer auf Erfahrung, die Sie selbst machen.

Das bedeutet für den Stoiker auch, dass er das Leben als einen Kampf akzeptiert. Doch der Kampf gilt nicht anderen Menschen, sondern

Ihnen selbst. Ein stoizistischer Leitsatz heißt darum: „Vivere est militare“ bzw. „Leben heißt kämpfen.“ (Vgl. 55)

Dieser Kampf gilt Ihren unkontrollierten Impulsen, die Sie zu unbedachten Handlungen verleiten und den „kleinen Krieg“ in der äußeren Welt immer größer werden lassen. So groß, dass Sie den wirklichen „großen Krieg“, den Sie mit den Unzulänglichkeiten Ihrer Natur führen müssen, Ihren Trieben, Ihrer fehlenden Selbstorganisation im Denken wie Handeln, vergessen bzw. dass dieser in den Hintergrund gerückt wird. Doch es sind stattdessen Disziplin, innere Stärke, Willenskraft, Resilienz, Opferbereitschaft und Verantwortungsbewusstsein, die Sie in diesem stoizistischen Sinne zum Sieg über sich selbst führen. Der deutsche Dichterfürst Johann Wolfgang von Goethe schrieb einmal: „Alles ist Kampf, Ringen. Nur der verdient die Liebe und das Leben, der täglich sie erobern muss.“ (Vgl. 56)

Ein alter Mann saß immer freudestrahlend in einem kleinen Café, in dem viele junge Leute verkehrten. Eines Tages wurde er auf eine Studentin aufmerksam, die mit ihrem Notebook am Nebentisch saß und verzweifelt schien. Sie saß dort schon eine ganze Weile, und als er zu ihr hinüberschaute, wandte auch sie kurz ihren Blick vom Bildschirm ab. Ihre Blicke trafen sich und er lächelte sie freundlich an. Als würde er auf den wortlosen Hilferuf der jungen Frau antworten, sprach sie ihn auch sogleich an:

„Verzeihen Sie, dass ich Sie anspreche, aber ich bin hier sehr oft, und jedes Mal, wenn ich Sie sehe, sind Sie bester Laune. Wie Sie sehen, geht es mir nicht so. Vielleicht ist meine Frage indiskret: Aber wie machen Sie das? Das würde mich brennend interessieren. Was ist das Geheimnis?"

Der alte Mann erwiderte: „Da gibt es eigentlich kein Geheimnis. Mein Leben ist wirklich nicht immer einfach gewesen und es gab oft Grund zu verzweifeln. Doch ich versuche immer, das Gute in allem zu sehen. Wissen Sie, es gibt immer zwei Sichtweisen auf etwas. Nur meistens wählen die Menschen die negative Perspektive. Ich gebe Ihnen einige Beispiele, damit Sie es besser verstehen".

Die Frau hörte gespannt zu, als der alte Mann weitersprach: „Wenn ich z. B. meine Bahn verpasse, sage ich mir nicht: ‚Warum muss das ausgerechnet mir passieren? Was für ein Pech auch wieder! Ich habe keine Lust, hier 10 Minuten zu warten.' Sondern ich sage zu mir: ‚Kein Problem, die nächste Bahn ist ja schon in 10 Minuten hier. Und die Zeit werde ich nutzen, um die schöne Sonne zu genießen.' Wenn ich bemerke, dass meine Wohnung geputzt werden muss, sage ich nicht: ‚Oh nein, nicht schon wieder diese langweilige Putzerei! Ich habe es satt!' Sondern ich sage mir: ‚Hey, wenn ich jetzt gut putze, wird meine Wohnung danach wieder sauber und einladend sein. Und beim Putzen kann ich gleich wieder mal meine Lieblingssongs hören, dann macht es noch mehr Spaß.' Oder aber es passiert, dass ich mich in der Küche am Messer schneide. Dann sage ich nicht zu mir: ‚Das gibt es doch nicht! Wieso muss das immer mir passieren? Jetzt dauert es wieder mehrere Tage, bis ich den Finger richtig bewegen kann.' Stattdessen sage ich mir: ‚Ach, halb so wild. Ist ja nur eine kleine Schnittwunde, die ist bald wieder verheilt. Und Pflaster habe ich auch im Haus.'"

Die junge Frau nickte verständnisvoll mit dem Kopf und hatte verstanden, was der alte Mann ihr mit diesen Beispielen zu verstehen geben wollte. Seine Worte hatten sogleich bewirkt, dass sie ihre eigene Situation anders sah und schon bald hatte sie einige Lösungen für ihre Probleme parat.

> *„Die Kunst besteht darin, das zu werden, was man bereits ist."*

Der Ausspruch „Hochmut kommt vor dem Fall" wird Ihnen geläufig sein, vielleicht haben Sie sogar schon selbst Ihre Erfahrungen mit der Lebenswahrheit gemacht, die diese Worte vermitteln sollen. Bei allem, was Sie im Sinne der Stoa tun, gilt es immer, zu beachten, dass Sie sich niemals selbstkasteien. Was ist darunter zu verstehen?

Wenn Sie einen Blick auf die Lebensgeschichte der berühmten Stoiker werfen, wird Ihnen auffallen, dass deren Handlungsweisen niemals von irgendeiner Art destruktiver Selbstkritik geprägt waren. Gefühle von Reue oder Schuld oder gar Selbstbestrafung für Dinge, die ihnen widerfuhren, waren ihnen fremd. Ihre Arbeit an sich selbst muss darin bestehen, dass Sie zwar Fehler erkennen und diese beheben, jedoch nicht, dass Sie sich Vorhaltungen machen, wenn Ihnen etwas nicht gelingt. Seneca kommentierte die Notwendigkeit zur positiven Selbstkritik kurz und knapp: „Philosophie erwartet einen einfachen Lebensstil, aber keine Reue." (Vgl. 57)

Doch natürlich ist das auch für den Stoiker manchmal ein Balance-Akt. Ein Akt, der auch die Denkweise umfasst, dass ein Ereignis immer zwei mögliche Ausgänge hat: einen bestmöglichen und einen schlimmstmöglichen. Berücksichtigen Sie das, wird es keine destruktive Selbstkritik geben, selbst wenn ein Ereignis für Sie auf die eine oder andere extreme Weise ausgehen mag. Während die eine Möglichkeit immer der Wunsch ist, bildet die andere Möglichkeit nicht selten eher die Realität ab. Dies bedenkend handeln Sie also immer so, dass nur das geschieht, von dem Sie auch wollen, dass es geschieht. Auf diese Weise geben Sie dem Schicksal gedanklich genügend Raum, sich zu entfalten, ohne sich gegen Sie zu wenden.

Es wird nichts geschehen, was Sie nicht schon erwartet hätten. Auch werden Sie niemals das werden können, was Sie nicht sind. Aus diesem Grunde ist es ein wichtiger Leitsatz, niemals zu hoch hinauszuwollen, sondern den Standard immer dort anzusetzen, wo Sie selbst immer gegenwärtig sind: in sich selbst.

JULI

Wenn du morgens mit dir kämpfst aufzustehen, mache dich mit diesem Gedanken vertraut: Ich bin um meiner Arbeit willen aufgewacht.

– Marcus Aurelius (Vgl. 58)

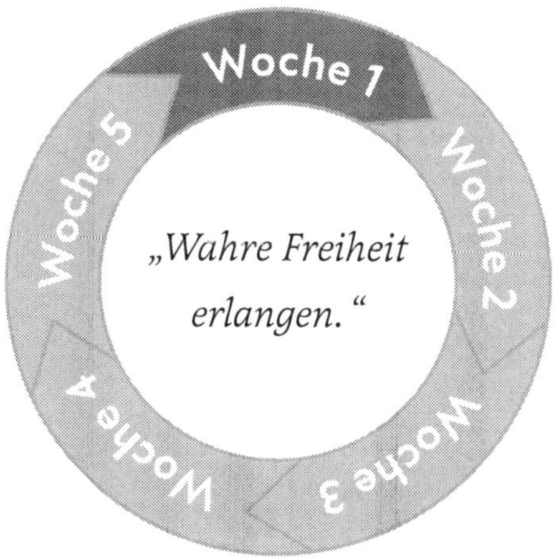

In einer kleinen beschaulichen Stadt lebte einmal ein Schuster, der arm, aber glücklich war. So glücklich war er, dass er jeden Tag bei seiner Arbeit fröhlich sang. Unten auf der Straße vor seinem Fenster, das immer offenstand, versammelten sich oft die Nachbarskinder, um dem singenden Schuster zu lauschen.

Der Schuster hatte einen Nachbarn, der sehr reich, aber auch sehr unglücklich war. Am Tag konnte er keinen Schlaf finden, weil der Schuster immer sang, und in der Nacht wurde ihm der Schlaf versagt, weil er immerfort Angst vor Einbrechern hatte, die ihn bestehlen könnten.

Einmal lud der reiche Mann seinen Nachbarn, den Schuster, ein, um ihm ein Säckchen zu schenken, in dem sich viele Goldtaler befanden. Noch nie zuvor hatte der Schuster so viel Geld in seinen Händen gehalten. So viel war es, dass er augenblicklich Angst davor bekam, es aus den Augen zu verlieren. So entschloss er sich, das Säckchen mit den Goldtalern sogar nachts ins Bett zu nehmen. Doch auch im Bett drehten sich alle seine Gedanken nur um das Gold, sodass er keinen Schlaf fand. Dann wählte er ein besonderes Versteck für das Säckchen auf seinem Dachboden, doch bereits am nächsten Morgen nahm er es wieder und steckte es hinter das Holz in seinem Kamin.

Dann wieder einen Tag später entschied er sich, die Goldtaler doch lieber in einen Stall zu bringen, doch auch dort schien es nicht sicher genug zu sein. Abermals war er nicht zufrieden und so hob er im Garten hinter dem Haus ein Loch aus und legte das Säckchen dort hinein. Ständig war er mit den Goldtalern beschäftigt, sodass er gar nicht mehr zu seiner Arbeit kam. Auch drang kein fröhlicher Gesang mehr auf die Straße vor sein Fenster. Er wurde traurig, dass er die Kinder auf der Straße nicht mehr sah, wie sie sich versammelten, um seinen Gesang zu hören. Er wurde unglücklich.

Aber weil er so nicht leben wollte, holte er das Säckchen mit dem Geld wieder aus dem Loch, ging damit zum Nachbarn und sprach zu diesem: „Hier, nimmt bitte Deine Goldtaler zurück. Die Gedanken an das Geld machen mich nur krank und unglücklich." So wurde der Schuster wieder zu einem glücklichen Menschen, der jeden Tag sang und dem die Nachbarskinder so gerne lauschten.

> Wer an Habe gewinnt, verliert an Sein.

Schlagen Sie ein Wirtschaftsmagazin auf, finden Sie zahlreiche Ratschläge von Experten, die Sie darüber aufzuklären scheinen, wie Sie am schnellsten reich werden. Fast überall in den Medien werden Sie mit Hinweisen und Empfehlungen für eine gesündere Lebensführung buchstäblich attackiert. Tun Sie dies, tun Sie das, und es wird Ihnen besser gehen. Schauen Sie sich um! Geht es den Menschen wirklich besser? Ist das Lächeln, welches Sie bei den meisten Menschen, die Ihnen auf der Straße begegnen, nur noch selten sehen werden, aufgesetzt oder authentisch?

Die meisten Menschen sind heute hin- und hergerissen zwischen den vielen unüberschaubaren Tipps, die ihnen alle dasselbe zu versprechen scheinen: ein glückliches Leben. Doch kann es Glück bedeuten, zwischen mehreren, vermeintlich richtigen Optionen innerlich zerrissen zu werden?

Wirklicher Reichtum ist wirkliche Freiheit. Und wirklicher Reichtum ist es im Sinne des Stoizismus, seine Lebenspflichten zu erfüllen und darin aufzugehen. Dem Lebenszweck gemäß handeln, macht den Menschen reich. Lebenswege, auf denen Abhängigkeiten und faule Kompromisse als Freiheiten angepriesen werden, führen nicht in die Freiheit des Individuums, wie es die Stoiker definieren. Nur wer das Richtige tut, ist frei. Der berühmte französische Dichter und Denker Albert Camus fasst das wie folgt zusammen: „Die Freiheit besteht in erster Linie nicht aus Privilegien, sondern aus Pflichten." (Vgl. 59)

Doch was bedeutet es, das Richtige zu tun? Stellen Sie einem Menschen diese Frage, wird er vielleicht auf dieses oder jenes Buch verweisen, auf diese oder jene Aussage eines Politikers, Mediziners oder Wissenschaftlers. Ein Stoiker würde auf diese Frage antworten, dass das Richtige zu tun weder darin bestehen würde, andere Menschen zu beeindrucken, noch um von ihnen beeindruckt zu werden. Marc Aurel schrieb dazu: „Wenn du deine Pflicht tust, muss es dir gleichgültig sein, ob dich die Leute schmähen oder preisen." (Vgl. 60)

Oder umgekehrt ausgedrückt: Tun Sie nicht Ihre Pflicht, geben Sie Acht darauf, ob Sie gelobt, gepriesen, verehrt oder verschmäht und diffamiert werden. Doch wo führt das hin? Es führt dazu, dass Sie eigentlich immer nur das tun, was von Ihnen erwartet wird.

Vor langer langer Zeit war es, dass die Menschen verstehen konnten, was Blumen, Bäume und andere Pflanzen sprachen. Sie verstanden die Sprache der Natur. In dieser Zeit gab es einen König, in dessen Besitz sich ein prachtvoller Garten befand, den der König innig liebte. In diesem standen gewaltige Palmen, großartige Weinstöcke, herrliche Rosen, duftende Wildkräuter und ungezählte farbenfrohe Blumen. Auf seinen täglichen Gängen durch den Garten hielt der König oft inne unter schattigen Apfelbäumen, während er sich am herrlichen Duft seltener Rosen erfreute und sanft über die zarten Blüten der Blumen strich.

Doch eines Tages, als er wieder mal durch das Tor zum Garten ging, wurde er von Schrecken ergriffen. Die Blätter der großen Bäume und die Blüten der vielen Blumen hingen welk herunter, die Früchte der Weinstöcke waren allesamt zu Boden gefallen. Hastig lief der König von einer Pflanze zur nächsten und fragte die Pflanzen nach dem Grund für ihr Leid. Der Apfelbaum, so erfuhr er, ließ seine Blätter hängen, weil er nicht die Größe der Palmen erreichen konnte, die sich auch im Garten befanden. Und die Palmen waren traurig, weil sie niemals so süße Früchte tragen konnten, wie die Weinstöcke, während die Weinstöcke sich aufgegeben hatten, weil sie nicht so betörend dufteten wie die Rosen im Garten.

Inmitten dieses schrecklichen Anblicks sah der König plötzlich ein kleines Stiefmütterchen, das fröhlich wachsend seine Blüten himmelwärts emporstreckte. Er beugte sich nieder und fragte die Pflanze: „Sag, Stiefmütterchen, warum blühst Du so farbenfroh, wo doch alles andere um Dich herum verwelkt?" Die Pflanze erwiderte: „Ich bin so froh, weil ich bei mir dachte, dass Du an diesem Ort, wo ich jetzt wachse, ein schönes Stiefmütterchen haben wolltest. Andernfalls würde hier ein Apfelbaum, eine Palme, eine Rose oder ein Weinstock stehen. So gebe ich darum alles, was ich habe, um das sein zu können, was ich bin." Der König war froh, diese Worte zu hören, und teilte sie den Bäumen, Blumen und anderen Pflanzen in seinem Garten mit.

> *„Obwohl das Leben in Jahren gemessen wird, wird es doch auch nach Taten bemessen."*

Wer die Bedeutung von Freiheit erfasst hat, weiß auch, was Pflichterfüllung ist. Beides reicht sich die Hand. Pflichterfüllung bedeutet, das Richtige zu tun, auch wenn es anderen nicht so erscheinen mag. Und nicht selten gerade dann. Die größten Pflichten mögen wie ein Gordischer Knoten erscheinen, der von der Kraft des Willens und der Tugendhaftigkeit durchschlagen werden muss. Bei Marcus Aurelius heißt es darum auffordernd: „Was immer auch jemand tut oder sagt, ich für meinen Teil fühle mich verpflichtet, gut zu sein." (Vgl. 61)

Pflichterfüllung ist das, wovon Sie wirklich reich werden. Innerlich frei. Diese innere Freiheit ist die Ihre, sie ist unvergleichlich und einzigartig. Sie ist singulär, gehört nur Ihnen, und Sie kann auch nur von Ihnen genossen werden. Obwohl der innere Reichtum, den Sie durch Pflichterfüllung erlangen, unteilbar ist, können Sie die Prinzipien der Stoa mit anderen Menschen sehr wohl teilen. Dazu gehört in erster Linie, dass Sie sie vorleben oder mit gutem Beispiel vorangehen. Tun Sie das ganz praktisch und verlieren Sie dabei nicht viele Worte. Das

Handeln zählt, und zwar umso mehr, je lauter die Welt selbst ist. Auch das ist eine Ihrer Pflichten, die auf dem stoizistischen Verantwortungsbewusstsein gegenüber der Gemeinschaft, in der Sie leben, begründet ist. Und darin finden Sie ganz praktisch Glück, das nicht abhängig ist von den theoretischen Vorstellungen von individueller Freiheit in der Konsumgesellschaft.

Doch wer Pflichten erfüllen will, hat es nicht leicht. Es ist einfacher, Pflichten zu umgehen, als sie zu erfüllen. Beherzigen Sie immer das, was Epiktet dem praktischen Stoiker riet: „Wir sollten unseren Willen in Einklang bringen mit allem, was geschieht, sodass nichts gegen unseren Willen geschehen kann und nichts, was wir wollen, nicht auch geschieht". (Vgl. 62)

Vor langer Zeit gab es in einem fernen Land einmal einen König, der ein großes Reich besaß und dessen Herzenswunsch es war, dass es allen seinen Untertanen immer gut erging. Er hatte einen weisen Berater, der schon in den Diensten seines Vaters stand. Dieser königliche Berater nun kam langsam in die Jahre, ging zum König und bat ihn, nach einem Nachfolger Ausschau zu halten, denn er empfand es als seine Pflicht, den neuen Berater in alle Belange seines hohen Amtes selbst einzuführen. Also bestellte der König alle weisen Männer zum Vorsprechen an seinen Hof. Sie zeichneten sich durch besonders umfassendes Wissen und weitreichende Bildung aus. Der König nun war angetan von dem weisen Geist der Männer, die zu ihm gekommen waren, doch eines, das er besonders schätzte, schien bei keinem der Anwärter vorhanden zu sein.

Der königliche Berater sah das Problem, das der König hatte, und änderte daraufhin das Auswahlverfahren dergestalt, dass nun jeder weise Untertan des Königs eingeladen werden konnte. Jeder, der sich am Hof meldete, bekam einen Schlüsselbund übergeben, an dem jeweils mehr als 100 Schlüssel hingen. Die Aufgabe, die jeder Anwärter gestellt bekam, sah vor, dass dieser eine schwere Eisentür mit dem ersten Versuch öffnen sollte. Viele weise Männer kamen an den Hof und versuchten ihr Glück. Doch vergeblich. Niemandem gelang es, die Eisentür zu öffnen.

Eines Tages nun erreichte die Kunde von der verschlossenen Eisentür, die geöffnet werden sollte, einen Reisenden, der sich gerade im Land befand. Wagemutig entschloss er sich, sich zum Hofe des Königs zu begeben und sein Glück zu versuchen. Als es so weit war und er vor der schweren Tür stand, besah er sich zunächst das Schloss sehr genau, dann die 100 Schlüssel am Schlüsselbund und dann die gesamte Eisentür samt Rahmen. Dann legte er seine Hand auf den Türgriff, betätigte die schwere Klinge, und siehe da, die Tür sprang sofort auf. Als der König das erfuhr, war er überglücklich und sprach: „Du bist ein weiser Mensch. Du stellst Dich der Herausforderung und lässt Dich von ihr nicht in die Irre führen. Und dabei verlässt Du Dich auf Deinen eigenen Verstand und Deine Intuition. Du bist es, der mein neuer Berater bei Hof sein soll!"

> *„Wer nach Wissen sucht, gewinnt jeden Tag hinzu."*

Auch wenn es Ihnen in der Schule anders beigebracht worden sein mag, Sie lernen nicht für das Leben, Sie lernen mit dem Leben. Das bedeutet auch, dass Sie nicht primär aus Büchern lernen. Es gibt Menschen, die lernen Dinge auswendig, weil sie das als einen Maßstab für Wissen ansetzen. Wieder andere suchen sogar Weisheit in Büchern und eifern anderen Menschen, die sie durch diese Bücher verehren, nach. Zwar dient das geschriebene Wort der Übermittlung von Informationen und Daten, doch Lernen umfasst weit mehr als nur das Aufnehmen dieser Daten und Informationen.

Schlagen Sie eine wissenschaftliche Publikation auf, werden Sie eine Vielzahl von Zahlen, Statistiken und andere Formen der Abstraktion realer Inhalte vorfinden. Oder aber Sie öffnen ein Buch über die stoizistische Philosophie und suchen vergeblich nach tiefgründigen Auseinandersetzungen mit den Theoremen der Stoa, die Sie persönlich weiterbringen könnten. Stattdessen setzen die Autoren aber alles daran, biografische und bibliografische Daten miteinander zu vergleichen oder zu verifizieren. Sie rätseln vielleicht herum, wie ein Mann wie Marcus Aurelius, der römischer Kaiser war und seine vielfältigen Staatsgeschäfte zu erledigen hatte, derartig tiefgründige Einsichten über den Menschen, das Leben und den Kosmos haben konnte. Die metaphysische Dimension seiner Schriften bleibt ihnen vollkommen verschlossen. Sie berühren sie noch nicht einmal. Seneca riet den Menschen sogar, all jene Daten zu vergessen, die nicht mit dem Wesen einer Sache direkt etwas zu tun haben. (Vgl. 63)

Für den Stoiker liegt darum in der bloßen Abstraktion der Dinge auch die Abkehr von der gelebten Wirklichkeit und vom inneren Wesen der Dinge. Das war bereits dem berühmten griechischen Dichter und Denker Platon ein wesentlicher Leitfaden, so gibt es z. B. in der Physik der sogenannten „Platonischen Körper", wie z. B. Kubus, Hexagon, etc., keine Formen, die nicht auch in der Wirklichkeit existent sind. Wenn die Geometrie des Lebens im Leben nicht wiederzufinden ist, welche Erkenntnis über das Leben kann sie dann geben?

Erkenntnis ist aber immer vielschichtig. Um so den achtsamen Blick für die Realität nicht zu verlieren, ist es als Stoiker Ihre Aufgabe, Ihrer Intuition oder Ihrem Bauchgefühl einen gebührenden Platz im Alltag einzuräumen. Der Bauch denkt mit, er ist das zweite Gehirn des Menschen. Aus diesem Grunde können Sie das Aufnehmen von Informationen und Daten durch die Beteiligung Ihrer Intuition sinnvoll komplettieren. Denn Lernen ist eine stoizistische Pflicht, die auf mehreren Ebenen gleichzeitig stattfindet und darum auch die kleinen wie die großen Dinge des Lebens mit einbezieht. Und dafür gilt es für Sie, immer offen zu sein, denn wie Epiktet schrieb: „Für einen Menschen ist es unmöglich, das zu erlernen, was er bereits zu wissen meint." (Vgl. 64)

In einer fernen Zeit gab es einmal in einem fernen Land eine wunderschöne Insel. Hier lebten keine Menschen, hier lebten ihre Gefühle, Qualitäten und Eigenschaften. Und sie lebten in Harmonie miteinander. Da war das Glück, der Frohsinn, der Humor, aber auch die Traurigkeit und das Unglück. Neben Reichtum gab es Armut, neben Wissen die Intuition. Kurzum: Alle Gefühle, die die Menschen haben können, lebten dort. So auch die Liebe.

Es trug sich zu, dass eine ganz besondere Nachricht eines Tages die Runde unter den Bewohnern der Insel machte. Sie war schrecklich, denn sie lautete, dass diese wunderschöne Insel bald im Meer versinken würde. Daraufhin entschieden sich die Gefühle, ihre Schiffe seetauglich zu machen und in See zu stechen. Es gab nur ein Schiff auf der Insel, das nicht in See stechen konnte: das der Liebe. Zum einen war es nicht seeklar, zum anderen wollte die Liebe mit dem Verlassen der Insel so lange wie möglich warten, denn sie liebte ihre wunderschöne Insel.

Dann kam der Tag, an dem die Insel begann, im Meer unterzugehen. Liebe sprach zu den anderen Gefühlen: „Seht, die Insel geht unter. Könnt ihr mir helfen, denn die Insel versinkt bereits.“ Als sie den Reichtum fragte, der das luxuriöseste aller Schiffe besaß, antwortete dieser: „Nein, ich kann Dich nicht mitnehmen. Mein Schiff ist voll mit Silber, Gold und Diamanten beladen. Da gibt es keinen Platz mehr für Dich, Liebe." Dann fragte Liebe den Stolz, dessen Schiff groß und prächtig gebaut war. Er erwiderte ihr: „Nein, Liebe, auf meinem Schiff ist alles vollkommen. Es ist kein Platz für Dich auf meinem Schiff, denn Du könntest meinem Schiff Schaden zufügen." Traurigkeit war das nächste Gefühl, welches Liebe um Hilfe bat. Sie antwortete: „Ach Liebe, was fragst Du da? Ich bin immer nur traurig und mein Schicksal ist es, allein zu sein."

Dann sah Liebe den Frohsinn. Doch dieser war gerade dabei, den Hafen zu verlassen. So fröhlich war er, dass er die Rufe von Liebe noch nicht einmal vernehmen konnte.

Ganz plötzlich aber rief eine Stimme nach Liebe: „Hallo Liebe! Komm hierher, bei mir ist noch Platz für Dich an Bord." Überglücklich war Liebe daraufhin, so glücklich, dass sie sogar nicht daran dachte, zu fragen, wer denn ihr Retter in letzter Not überhaupt sei. Als es ihr auffiel, bat sie Wissen, ihr den Namen ihres Retters zu verraten. Wissen erwiderte: „Ja, Liebe, ich kann Dir sagen, wer Dich auf sein Schiff geladen hat. Es ist die Zeit." Liebe war erstaunt und fragte: „Aber warum ist es ausgerechnet die Zeit, die bereit ist, mir zu helfen?" Wissen sprach: „Das ist einfach, Liebe. Es ist die Zeit, die als Einzige versteht, was wirklich wichtig ist im Leben."

> „Was man mit den Augen sieht, ist Wissen. Was man mit dem Herzen weiß, ist Gewissheit."

Für die alten Ägypter war das Herz ein wichtiger Bestandteil der menschlichen Seele. Wenn das Leben beginnt, ein Embryo entsteht, fängt zuerst sein Herz an, zu schlagen. Ohne seinen Herzschlag kann kein Mensch leben und ohne die Dimension des Herzens, d. h. die Herzensgüte zu erkennen und ihre Sprache zu verstehen und selbst zu sprechen, kann kein Stoiker leben. Im Taoismus heißt es darum: „Güte beim Denken erzeugt Tiefe, Güte beim Verschenken erzeugt Liebe, Güte in den Worten erzeugt Wahrheit." (Vgl. 65)

Wahrheit kann nicht mittels kalter Zahlen übermittelt werden, wie dies heutzutage leider immer wieder getan wird. Zahlen können zwar Mechanismen abbilden, aber sie können nicht das Wesen eines Mechanismus erklären. Und obwohl die moderne Astrophysik viele Formeln zur Erklärung kosmischer Phänomene zur Hand hat, kann sie nicht den Sinn des Kosmos ergründen. Doch das Herz kann in Tiefen reichen, die jenseits jeder physikalischen Vorstellungskraft liegen. Der Stoiker will das Wesen der Dinge erkennen: sein eigenes und das des Kosmos, um den Gesetzmäßigkeiten treu bleiben zu können und sein Schicksal zu leben. Ihn treibt die innere Gewissheit an, die in aller Stille aus dem Herzen spricht und ihn wahrhaftig bleiben lässt.

Schützen Sie darum die innere Flamme, die Herzensgüte und Herzenswärme. Epiktet schrieb: „Schütze das Gute in dir bei allem, was du tust, und was alles andere betrifft, nimm es so, wie es ist, wie es dir deine Vernunft gebietet." (Vgl. 66)

Wer seine Herzensflamme schützt, übt Kontrolle über sich selbst aus und lebt damit nach einer der Hauptmaximen des Stoizismus, die darin besteht, nur die Dinge kontrollieren zu wollen, die sich auch vom Individuum kontrollieren lassen. Wer sein Herz ungehört schlagen lässt, wird mit der Zeit schwach, oberflächlich, egoistisch und handlungsunfähig werden, denn er folgt nicht der Kraft, die die Welt im Innern zusammenhält.

Wer dem Herzen folgt, hat dagegen den Himmel im Herzen, so wie er das Herz im Himmel hat. Nicht wenige Menschen behaupten heute, ein Mensch, der herzlich und gütig ist, sei schwach, leicht beeinflussbar, weil er weniger Wert auf das Intellektuelle legen, weil sein Denken weniger kalkulatorisch sein würde. Doch wie heißt es im Taoismus? „Das Weiche besiegt das Harte, das Schwache triumphiert über das Starke." (Vgl. 67)

Vor langer langer Zeit stand in einem Land, das heute auf keiner Landkarte mehr zu finden ist, ein ganz sonderbarer Tempel, dessen Erbauer unbekannt geblieben war. Auch der Zweck dieses Tempels war nicht bekannt. In seinem Inneren bestand er ausschließlich aus ungezählten Spiegeln, sodass man ihn den „Tempel der Spiegel“ nannte. Es trug sich eines Tages zu, dass ein herrenloser Hund des Weges kam. Als sich der Wald lichtete, stand er plötzlich und unerwartet vor dem Tempeltor, welches weit geöffnet war. Vorsichtig näherte er sich dem Tor und ging schließlich nach einigem Zögern in den Innenraum des Tempels. Da kein Hund weiß, was ein Spiegel ist und was sie bewirken, erstarrte der Hund augenblicklich wie zu Stein, denn er glaubte, dass er von Tausenden von Hunden umgeben war. Sofort begann der Hund laut zu knurren und wütend zu bellen.

Egal, wo er hinblickte und wie er sich bewegte, er sah nur Hunde, die ihn anknurrten und wütend bellten. Als er seine Zähne fletschte, fletschten auch die unzähligen wütenden Hunde ihre Zähne. Als er sich den Hunden näherte, näherten auch sie sich. So wurde er von großer Angst und Panik ergriffen und floh aus dem Tempel hinein in den Wald. Erst nach einer ganzen Weile, als der Tempel schon außer Sichtweite war, konnte er sich wieder beruhigen. Es war das

Schrecklichste, was er jemals erlebt hatte, und er würde es niemals mehr vergessen.

Durch dieses Erlebnis im Tempel erwuchs in dem Hund die Gewissheit, dass alle anderen Hunde seine Feinde sein würden. Die ganze Welt war für ihn zu einem schrecklichen, bedrohlichen und feindseligen Ort geworden. So mied er in der Folge andere Hunde und wurde auch von diesen gemieden. Einsam wurde sein Leben, und er fristete es in tiefster Verbitterung über die Bösartigkeit und Ungerechtigkeit der Welt.

Die Jahre verstrichen und es trug sich zu, dass ein anderer Hund zum Tempel der Spiegel gelangte. Auch ihm fiel auf, dass das Tempeltor offenstand, und so ging er voller Erwartung und Neugierde in das Innere des Tempels hinein. Kein Hund weiß, was ein Spiegel ist und welche Effekte es gibt, wenn man in ihn hineinschaut. Kaum hatte der Hund also den Tempel betreten, sah er sich von unzähligen Hunden umgeben. Daraufhin begann er, seine Schnauze zu einem Lächeln zu verziehen. Egal, wo er im Tempel hinblickte, er sah andere Hunde, die ihn anlächelten. Er empfand Freude und wedelte glücklich mit seinem Schwanz. Als er das tat, erwiderten die vielen Hunde, die ihn umgaben, seine freundliche Geste, indem sie ebenfalls mit dem Schwanz wedelten. Der Hund war überglücklich.

So etwas Schönes hatte er noch nie in seinem Leben erfahren. Er blieb lange in dem Tempel und hatte große Freude daran, mit den anderen Hunden ausgelassen zu spielen. Für den Hund war es das schönste Erlebnis seines Lebens und für ihn war die Welt seitdem wie ein „Tempel der Hunde". Er war sich sicher, dass alle Hunde, die es gibt, seine Freunde sein würden. Er lebte ein glückliches und zufriedenes Leben, war niemals allein, traf sehr viele andere Hunde, die seine Freunde wurden, und war bei allen immer beliebt.

„Glück ist wie ein Vogel, der von den Körnern deines Herzens genährt wird."

Glück! Was für ein großes Wort. Und heute in aller Munde. Aber auch ein Wort, das geradezu misshandelt wird. Karriere machen, viel Geld verdienen, Statussymbolen frönen, das ist das heute vorgezeichnete Vorzeigeglück. Es den Stars und Sternchen nachmachen, auf dem ausgerollten roten Teppich des Lebens dahinwandeln und im Blitzlichtgewitter des Glücks von allen bewundert werden. Ist das nicht der Inbegriff von Glück?

Wenn ein Stoiker der Schmied seines eigenen Glückes ist, bedeutet das etwas ganz anderes. Der Überlieferung zufolge soll schon im 3. Jahrhundert v. Chr. Appius Claudius Caecus, ein römischer Konsul, den Sinnspruch von des „Glückes Schmied" gebraucht haben. Doch wie auch die Stoiker es verstehen, wird das Lebensglück mit Disziplin, Ausdauer und einer Tugendhaftigkeit geschmiedet, in deren Mittelpunkt die Schlichtheit im Denken wie im Handeln steht. Der berühmte griechische Philosoph Demokrit schrieb einmal: „Das Glück wohnt nicht im Besitze und nicht im Golde, das Glücksgefühl ist in der Seele zu Hause." (Vgl. 68)

Sind Sie als Stoiker glücklich, leben Sie nicht nur Ihren Lebenssinn, Sie sind auch frei. Doch ist es sehr einfach, den Begriff der Freiheit misszuverstehen. Freiheit bedeutet nicht Schamlosigkeit, Selbstherrlichkeit und Rücksichtslosigkeit, als was sie heute leider gerne fehlgedeutet wird. Die Freiheit des einen hört immer dort auf, wo die Freiheit des anderen beschränkt oder eingeschränkt wird. Wie ein Mensch sein muss, der Bestandteil einer glücklichen Gesellschaft ist, sagt Seneca in wenigen Worten: „Glücklich ist nicht, wer anderen zuvorkommt, sondern wer sich selbst dafür hält." (Vgl. 69)

Die Arbeit fängt also bei jedem Menschen selbst an. Sie sind Ihres eigenen Glückes Schmied, wenn Sie das Innere mit dem Äußeren verbinden, es fest verschmieden. Das ist das immaterielle Band von Willenskraft, Tatendrang und Handlungserfolg, getragen von den Prinzipien stoizistischer Lebensweisheit, an deren erster Stelle die Herrschaft über die eigenen Gedanken steht. Der Dalai Lama äußerte sich wie folgt dazu: „Glück entsteht durch das Zähmen des Bewusstseins." (Vgl. 70)

AUGUST

Vertrau mir, wahre Freude ist eine ernste Angelegenheit.

– Seneca (Vgl. 71)

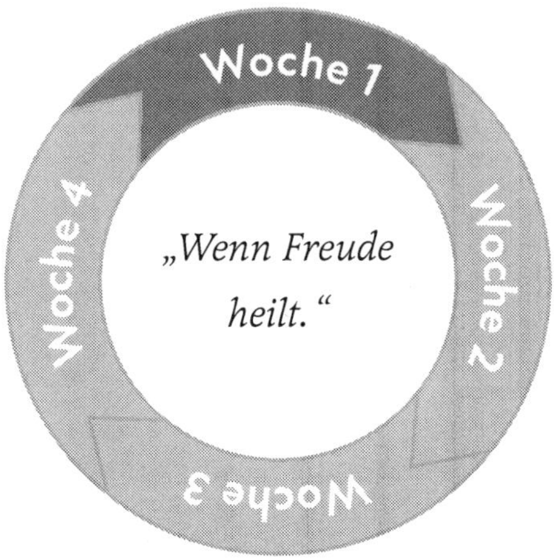

Es war vor langer Zeit im alten Griechenland vor den Toren Athens, wo einmal ein alter Mann saß. Jeder, der auf dem Weg nach Athen war, musste an ihm vorbeigehen. Eines Tages kam ein Fremder vorbei, der den alten Mann sah und innehielt. Er fragte ihn: „Sprich, alter Mann, wie ist es in dieser Stadt? Wie sind ihre Bewohner?“

Der alte Mann erwiderte: „Wie war es denn, wo Du zuletzt gewesen bist? Wie waren die Bewohner dort?“

„Sie waren sehr nett. Es waren wunderbare Menschen. Und ich habe dort eine glückliche Zeit gehabt. Sie haben mir immer geholfen, wenn ich in Not war, waren zuvorkommend und auch großzügig.“

„Das freut mich zu hören“, erwiderte der alte Mann und fügte hinzu: „So werden sie auch in dieser Stadt sein.“ Dann ging der Fremde weiter seines Weges.

Am Tag darauf kam ein anderer Mann, der in der Gegend fremd war, zu dem alten Mann und fragte diesen: „Sprich, Alter, wie ist diese Stadt? Wie sind die Menschen, die in ihr leben?“

Und wieder fragte der alte Mann zurück: „Wie war denn die Stadt, in der Du zuletzt gewesen bist? Und wie waren ihre Menschen dort?“

Der Fremde antwortete erregt: „Es war ein Schrecken. Diese ganze Stadt war schrecklich. Alle waren immer schlecht und gemein zu mir. Und unfreundlich waren sie und Hilfe konnte man auch nicht von ihnen erwarten.“

Der Alte erwiderte darauf: „Dann, so fürchte ich, wird diese Stadt und werden diese Menschen hier genauso sein.“

„Wer das Werk seines Lebens vollbringt, zieht sich selbst dabei zurück.“

Die Freude, die Sie als Stoiker empfinden, ist nicht die Freude, die ein anderer Mensch vielleicht beim Anblick eines schnellen Luxusautos empfindet. Die stoizistische Freude ist eine Freude, die nicht von den vergänglichen materiellen Dingen geweckt wird. Darum sagt Seneca: „Jeder rein äußerlichen Freude mangelt es an fester Grundlage.“ (Vgl. 72)

Die feste Grundlage, von der Seneca spricht, ist die innere Stärke des Stoikers. Wie mit vielen anderen Begriffen, so gehen die Menschen heute auch mit dem Begriff der Freude sehr unbedacht und fahrlässig um. Hört man sie reden, scheint es manchmal, als würden sie sich ständig über etwas freuen, wobei die eine Freude durch eine andere Freude ersetzt zu werden scheint. Doch schauen Sie in ihre Augen oder fragen Sie einmal wirklich nach. Leben sie wirklich ein freudiges Leben oder nur ein Leben, auf das die Freude krampfhaft aufgesetzt wird? Im Stoizismus ist Freude keine Affekthandlung, die in einem beiläufigen Lächeln oder Lachen besteht.

Für Sie als Stoiker ist Freude ein sehr tiefreichender Bewusstseinszustand, der nichts mit nach außen getragener Fröhlichkeit gemein hat. Wahre Freude liegt im Ernst der Erkenntnis begründet, in der Gewissheit prinzipiellen Denkens und Handelns.. Wenn der Stoiker Freude empfindet, dann entspringt diese immer dem Bewusstsein, das Richtige zu tun. Doch diese Freude ist nie überschäumend, nie haltlos, sondern immer zurückhaltend, in sich gekehrt und kontrolliert. Seneca schrieb: „Die Wirkung der Weisheit ist eine in sich gleichbleibende Freude." (Vgl. 73)

Es ist die Freude, die der Bestimmung und dem Pflichtgefühl entstammt, diese Bestimmung auch in die Praxis umzusetzen.

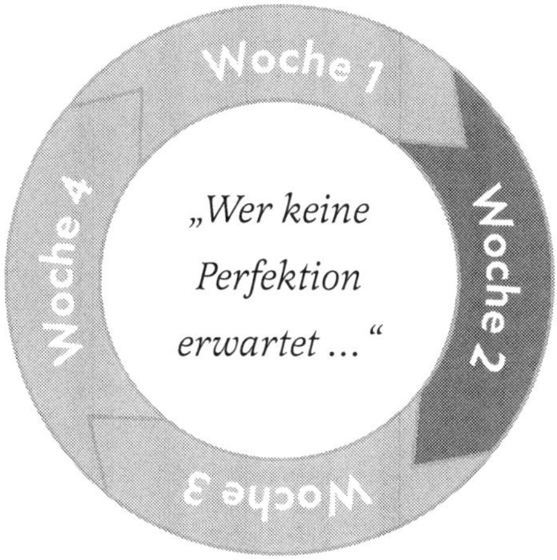

Es war im alten Griechenland, als einmal ein alter weiser Stoiker seine Schüler bat, die Holzfäller des Waldes aufzusuchen und sich zu erkundigen, warum sie so viele Bäume geschlagen, einen Baum aber verschont hätten.

Sie taten, wie ihnen aufgetragen wurde, gingen zu den Holzfällern und fragten diese, warum sie einen einzelnen Baum stehengelassen hätten. Diese gaben zur Antwort, dass sie den Baum nicht abgeholzt hätten, weil dieser für sie vollkommen nutzlos sein würde. „Schaut ihn Euch nur an“, sprachen sie. „Er ist so unansehnlich, ist voller verwachsener Astgabeln und Knorpel. Niemand kann aus diesem Baum gutes, brauchbares Bretterholz machen. Er ist noch nicht einmal fürs Feuermachen geeignet. Verbrannte man sein Holz, so müsst Ihr wissen, entstünde ein übelriechender und ätzender Qualm. Dieser wäre so stark, dass man davon sogar erblinden könnte. Darum haben wir diesen Baum nicht abgeholzt.“

Daraufhin gingen die Schüler zurück zu ihrem Meister und berichteten ihm, was die Holzfäller ihnen gesagt hatten. Dieser lächelte kurz und sagte dann zu seinen Schülern: „So seid genauso wie dieser Baum.“

„Für den Weisen sind Fehler nur die Tore zu neuen Entdeckungen."

Die moderne Gesellschaft gibt sich gerne als perfektionistisch. Sei es das tägliche Outfit, bei dem alles passen und wie auf den Leib geschneidert sitzen muss, sei es die Einrichtung der Wohnung, in der alle Möbel farblich genau aufeinander abgestimmt sein müssen, sei es der Anspruch der Naturwissenschaften, dem Menschen überall technologische Perfektion zu bringen. Doch was vollkommen ist, was keine Ecken und Kanten mehr hat, lebt nicht mehr, ist steril. Gerade das Unvollkommene besticht durch seine natürliche Schönheit und hält die Sinne wach.

Die altägyptischen Priester waren der Ansicht, dass es im gesamten Kosmos keinen wirklich perfekten Kreis geben würde. Man würde ihn zwar theoretisch berechnen können, doch er bliebe in kosmologischer Hinsicht eine Illusion, eine hehre Idealvorstellung. Aus diesem Grunde stand der vollkommene Kreis, das vollkommene Leben mit anderen Worten, auch bei den Ägyptern für die Ewigkeit. (Vgl. 74)

Doch Sie leben nicht in der Ewigkeit, Sie leben in einer Welt, in der es Raum und Zeit gibt. Auch wenn das Ewige angestrebt wird, so ist es „hier" als solches niemals zu finden. So ist es eine Regel des Stoizismus, ein aktives Leben zu führen, was in der Pflichterfüllung begründet ist und auch bedeutet, die Dinge nicht nach vollkommen und unvollkommen, schön und hässlich zu unterteilen. In der Ausgeglichenheit tugendhaften Denkens und Handelns widmen Sie dem Ende so viel Aufmerksamkeit wie dem Anfang. Dann wird Ihr Scheitern vermieden werden. Aber wer sich nach Perfektion sehnt, wird vom Leben eines Besseren belehrt werden. Perfektion ist der Feind des Handelns, so sagte Epiktet: „Wir sollten unsere Vorhaben nicht aufgeben, bloß weil wir befürchten, sie nie zur Vollendung bringen zu können." (Vgl. 75)

Versuchen Sie immer, mit den Dingen zurechtzukommen, und zwar so wie sie sind und nicht wie sie Meinungen oder Ideologien zufolge sein sollten. Wissen Sie aber um die Natur und die Beschaffenheit der Dinge und kennen Sie ihre Umstände. Handeln Sie so, wie es Marcus Aurelius riet: „Es sind Dornen auf diesem Pfad, also halte dich fern! Genug gesagt! Warum viel Nachdenken über die Existenz von Ärgerlichem? Mit solchen Gedanken machst du dich nur zum Gespött all derer, die ernsthaft die Natur studieren ..." (Vgl. 76)

Im antiken Athen kannte man damals die Geschichte von dem Lieblingsschüler eines großen Philosophen, der allerdings schon betagt war und dessen Angewohnheit es war, mit einem Huhn zu spielen. Dann trug es sich zu, dass ein Jäger, der aus einer anderen Stadt kam, den Schüler beim Spielen sah. Er war überrascht darüber, dass ein so alter Mann, der zudem der Lieblingsschüler eines bekannten Meisters war, Spaß daran hatte, mit einem Tier im Hof seines Hauses zu spielen.

An ihn herangetreten fragte er den Mann: „Hast Du nichts Wichtigeres zu tun, als mit einem Huhn zu spielen? Wer bist Du? Warum verschwendest Du so Deine Zeit? Dieses Tier ist doch nur dazu da, gerupft und gegessen zu werden." Daraufhin schaute der alte Mann den Jäger mit verwundertem Blick an: „Warum sollte ich nicht mit diesem Huhn spielen?" Die Jäger erwiderte: „Weil dies ein Tier ist, das von Philosophie nichts versteht."

Der betagte Schüler stellte dem Jäger daraufhin eine Frage: „So sag mir, warum der Bogen in Deinen Händen nicht gespannt ist?" Der Jäger war verwundert und antwortete: „Das ist nicht gut für den Bogen. Würde er ständig gespannt sein, würde die Spannkraft seiner Sehne schwächer werden. Und irgendwann wäre sie vollkommen verschwunden. Ein Pfeil, den ich dann abschießen würde, hätte keine Energie mehr." Der alte Mann lächelte den Jäger an, als er diese Worte vernahm, und sagte dann: „Mein Sohn, so wie es wichtig ist, dass Dein Bogen immer wieder entspannt wird, ist es wichtig für mich, dass ich mich immer wieder erholen kann." Der Jäger dachte kurz nach und schien zu verstehen, woraufhin der betagte Philosophie-Schüler noch hinzufügte: „Kann ich nicht entspannen, indem ich mit diesem Huhn spiele, habe ich keine Energie mehr für das, was meine ganze Konzentration erforderlich macht."

> *Was das Geheimnis des Erfolgs sei?*
> *Anfangen!*

Die meisten Menschen nehmen sich etwas vor und versuchen, es durchzuführen. Wenn sie scheitern, geben sie das auf, was sie sich vorgenommen haben. Anders der Stoiker, für den der Augenblick des Scheiterns eine positive Herausforderung darstellt. Auf diese Weise sind Sie in der Lage, auf alle Widrigkeiten des Lebens angemessen zu reagieren. Nutzen Sie also immer das, was Ihnen Ihr Leben zur Verfügung stellt, und nutzen Sie es bewusst und nachhaltig, ohne es zu verschwenden.

Alles im Leben will genutzt werden, nur so erfüllt sich das Schicksal. Dabei versetzen Sie sich automatisch in die Lage, immer wieder Neues lernen zu können und zu wachsen.

Und dabei gilt: Lassen Sie das Perfekte nicht zu Ihrem Feind werden, zum tückischen Gegenspieler des Gut-Genug. Die große Gefahr dabei ist, dass Sie sich in unrealistischen Idealen verfangen, über die Sie im Leben überall stolpern können. Marcus Aurelius sagt darum: „Tue das, was die Natur von dir verlangt, genau jetzt." (Vgl. 77)

Und dieses Jetzt ist immer-jetzt, niemals irgendwann. Das bedeutet auch, dass eine erfolgreiche Arbeit nur dann durchzuführen ist, wenn

Sie auch mit jedem Schritt, den Sie gehen, zufrieden sind. Bemängeln Sie nicht Ihre Geh-Weise. Denken Sie daran, was Franz Kafka einmal sagte: „Wege entstehen dadurch, dass man sie geht." (Vgl. 78)

Sie tun es, wie Sie es tun, und feiern Sie Leistung, die Sie erbringen, auch bewusst. Denn jeder Einzelerfolg ist für Sie ein Leuchtfeuer auf dem Weg zum nächsten Erfolg. Kleine Schritte können dabei viel größer sein als große Schritte. Oft verlieren Menschen die Übersicht über ihr Leben, wenn ihre Schritte zu groß und zu weit werden. Doch tun Sie all das, aus der inneren Gewissheit heraus, dass Sie das Richtige im Sinne der Stoa tun. Damit vermeiden Sie, dass Sie sich mit fadenscheinigen Ausreden und Entschuldigungen selbst austricksen und vom Weg abkommen. Sofort entstehen dabei neuronale Weggabelungen in Ihrem Denken, die zu kognitiven Störungen führen können.

Das geschieht beispielsweise, wenn Sie beginnen, Denkmuster zu entwickeln, mit denen Sie die Wirklichkeit aufspalten. Die beliebteste dieser gedanklichen Aufspaltungen ist das Gut-und-Böse-Schema, das die Menschheit seit jeher fest im Griff hat. Oder aber Sie beginnen damit, Ihr Tun in die zwei Kategorien „Erfolg" und „Misserfolg" zu unterteilen. Das Leben ist ein ununterbrochener Strom, so wie das Denken einer sein sollte. Denken Sie daran, was Seneca schrieb: „Vieles haben die geleistet, die vor uns gewesen sind; aber sie haben es nicht zu Ende geleistet." (Vgl. 79)

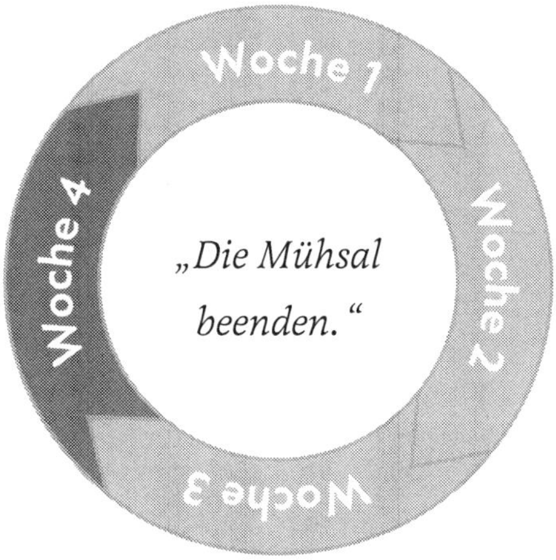

Auf dem Lande vor den Toren Roms lebte einmal ein Bauer. Es war seine Gewohnheit, auf einem Esel in die Stadt zu reiten und dort auf dem Markt frische Waren von seinem Hof zu verkaufen, denn es gab viele Dinge in Rom, die es woanders nicht gab. Jedes Mal auf seinem Weg in die große Stadt kam er an einen Flusslauf, den er überqueren musste. Dort kannte er eine ganz bestimmte Stelle, an der der Fluss in der Regel so flach war, dass er auf die andere Seite des Flusses gelangen konnte. Doch es lagen viele Steine und Felsen im Fluss, sodass er jedes Mal von seinem Esel absteigen musste, wenn er ihn überquerte.

Eines Tages jedoch, als der Bauer wieder einmal an besagte Stelle kam, sah er, dass der Wasserstand des Flusses höher als sonst war. Es hatte kräftig geregnet und der Fluss war stark angestiegen. Hindurchzugehen würde bedeuten, bis zur Hüfte nass zu werden, was ihn sehr ärgerte, sodass er laut zu schimpfen und zu fluchen begann. „Warum kaufen die Bewohner meines Dorfes nur meine Waren nicht?“ „Warum hat sich nicht meine Frau auf den Weg nach Rom gemacht?“ „Warum hat dieser Esel nur so kurze Beine? Wären seine Beine länger, müsste ich nicht nass werden.“ „Warum hat es überhaupt geregnet? Es regnet doch sonst nicht zu dieser Zeit.“ Dann schimpfte er den Fluss an: „Verfluchter Fluss, ich muss trocken zum Markt in die Stadt kommen. Warum führst Du so viel Wasser, Du böser Fluss? Du bist daran schuld, wenn ich nun kein Geld einnehmen kann. Nur wegen Dir muss ich mich jetzt ärgern." Im kalten Flusswasser stehend regte sich der Bauer immer mehr auf, bis er seinen Stock zur Hand nahm und den Fluss damit fluchend auspeitschte.

Nach einer Weile bewegte sich der Esel, der ebenfalls im kalten Flusswasser gestanden und nasse Beine bekommen hatte, mehrere Schritte von dem Bauern weg ans trockene Ufer, von wo aus er den Bauern beobachten konnte. Noch immer hatte dieser seinen Stock in der Hand und peitschte wild auf das Flusswasser ein. Dadurch wurde er noch nasser, als er bereits war, während die Beine des Esels nach nur wenigen Minuten wieder trocken waren. Der Bauer aber begann zu frieren, seine Nase lief und er musste niesen.

Dann beschloss der Bauer, der immer noch wutentbrannt war, auf dem Rücken seines Esels wieder ins Dorf zurückzukehren. Als sie bereits wieder unterwegs waren, sprach der Bauer zu seinem Esel und erklärte diesem genau, welche Strafe der Fluss von ihm bekommen hatte: „Dieser böse Fluss hatte vor, mich zu ärgern. Er trägt die Schuld daran, dass ich mich auch noch erkältet habe. Aber trotzdem. Ich habe ihn ausgepeitscht und für seine bösen Taten bestraft." Und wenn der Bauer nichts dazu gelernt hat, so wird der Fluss von ihm bis heute bestraft.

> „Einfache Wege sind für die Schwachen, schwere Wege für die Starken."

Mühsal für den Menschen entsteht immer dann, wenn er die Verantwortung für sein Leben nicht übernehmen und sich anderen Dinge hingeben will, die fern dieser persönlichen Verantwortung sind, wie sie im Stoizismus definiert wird. Marcus Aurelius schrieb dazu: „Du hast zahllose Mühsal ertragen – alles nur, weil du deine Entscheidungsgewalt nicht genutzt hast, wofür sie geschaffen ist." (Vgl. 80)

Entscheide jetzt!

Jede Situation, die Sie jetzt meistern können, wird Ihnen in der Zukunft nicht mehr widerfahren. Überlegen Sie sich einmal, wie viele Dinge, vor denen Sie sich fürchteten, nicht eintrafen? In wie vielen Situationen haben Sie sich vielleicht zu Reaktionen hinreißen lassen, die Sie später bereuten? Wie oft wurden Sie aus Mühsal, Frust oder fehlender Motivation zu Handlungen veranlasst, die Sie letztlich vom Weg abbrachten? Wenn es die Mühsal war, aus der heraus so manches Negative entstand und Ihr Leben vielleicht zeitweise auf holprigen Spuren verlief, werden Sie als Stoiker nun verstanden haben, dass Sie den entgegengesetzten Weg einschlagen müssen.

Wichtig ist, dass Sie immer das Unnötige in Ihrem Leben begrenzen, es aus den Entscheidungen, die Sie treffen, raushalten. Dazu gehören vor allem zu viele Worte. Die Taoisten sagen: „Wer viel spricht, weiß wenig. Wer viel weiß, spricht wenig." (Vgl. 81)

Das mag Ihnen nicht immer angenehm sein, oft, wie z. B. im Berufsalltag, vielleicht auch sehr schwer zu beherzigen. Doch wer hat gesagt, dass Philosophie nur ein Kunststück für die Bühne sei? Seneca schrieb zur Stoa: „Sie wird nicht für irgendwelche Freude benutzt, die uns den heutigen Tag versüßen soll." (Vgl. 82)

Die stoizistische Philosophie hat die Aufgabe, Ihr Leben neu zu gestalten, zu ordnen, und zwar derart, dass diese Ordnung dem nahekommt und dem immer näherkommt, was Ihr Schicksal ist. Dieses ist die präexistente Summe all Ihrer Handlungen, die Sie nur noch in die Tat umsetzen müssen. Warum also zweifeln? Warum der Mühsal Vorschub leisten? Johann Wolfgang von Goethe sagte: „Auch aus Steinen, die einem in den Weg gelegt werden, kann man Schönes bauen." (Vgl. 83)

SEPTEMBER

Wo die Natur nicht will, ist die Arbeit umsonst.

– Seneca (Vgl. 84)

Im alten Jerusalem zu Zeiten König Davids kam es einmal zum Wetteifern zweier bekannter Malergruppen um eine prachtvolle Wand, die im königlichen Palast entstehen sollte. Jede der zwei Gruppen rühmte sich, in der Lage zu sein, die schönsten Wände zu schaffen. Der König aber entschied sich dazu, die zwei Gruppen an einem anderen Ort an seinem Hof einzusetzen: in einer Empfangshalle. Dort wurden die Maler zum Arbeiten hingeschickt.

Die Halle selbst wurde von einem Vorhang in zwei Hälften geteilt. Jede Gruppe sollte die Wände des ihr zugewiesenen Teils der Halle bemalen. Sobald ihre Arbeit vollendet wäre, würde der Vorhang in der Mitte der Halle hinfort gezogen werden und der König würde sehen, welche der zwei Gruppen Sieger des Mal-Wettbewerbs sein würde. Die Maler gingen ans Werk und alles nahm seinen Lauf, wie es befohlen worden war. Beide Gruppen arbeiteten unterschiedlich: Die eine Gruppe sammelte erst die schönsten Farben, die es im ganzen Königreich gab, zusammen, bevor sie sich an das Bemalen der Wände machte. Die andere Gruppe brachte nicht einen einzigen Topf Farbe in die Halle, sondern machte sich daran, die Wände ihres Teils der Halle blank zu machen und zu glätten.

Als die eine Gruppe die schönsten Farben gemischt hatte und fertig war, verkündete auch die andere Gruppe, dass ihre Arbeit vollendet sei. Die einen hielten den anderen entgegen: „Was fällt Euch ein, zu behaupten, dass Ihr fertig seid. Ihr habt nicht einen Pinselstrich Farbe auf die Wand aufgetragen. Auch ziert kein einziges Bild die Wände." Darauf erwiderten die Maler: „Gehet hin und zieht den Vorhang zur Seite. Dann werdet Ihr sehen, wer die Besseren von uns sind." Als der Vorhang, der die Empfangshalle des Königs in zwei Hälften teilte, hinfort gezogen wurde, gab es großes Erstaunen unter den Anwesenden: Der Teil der Halle, dessen Wände nicht einen Pinselstrich aufwiesen, leuchtete so farbenfroh wie jener Teil, der mit den schönsten Farben des Landes bemalt worden war. Auch waren dieselben mythischen Bilder auf den Wänden zu erkennen. Mit größter Kunstfertigkeit und Sorgfalt waren die Wände bemalt worden. Sie waren so glatt, dass sie wie übergroße Spiegel aussahen.

Der König war begeistert und rühmte die Malergruppe, die keine Farbe benutzt hatte, bevor er vor diesen übergroßen Spiegel trat und sich in diesem in allen Einzelheiten spiegelte.

> *„Der Grund ist immer Nichtwollen. Nichtkönnen ist nur der Vorwand.“*

Viele Philosophen der Antike und der Neuzeit, aber auch religiöse Denker wie z. B. Martin Luther, haben sich mit dem freien Willen beschäftigt. Die Vorstellung von einem freien Willen klingt zu verlockend, als dass sie heute nicht gerne oft beschworen werden würde. Doch gibt es einen freien Willen wirklich?

Für die Stoiker ist der Wille nur dann ein wahrhaft freier Wille, wenn er auch das will, wozu er existent ist: die Erfüllung des Schicksals, was letztlich Glück bedeutet. Es ist davon auszugehen, dass Seneca das Prinzip der Anziehung, von dem heute viel gesprochen wird, bereits wohlbekannt war, obwohl es zu seinen Lebzeiten noch nicht so genannt wurde. Er schrieb aber: „Vertraue auf dein Glück – und du ziehst es herbei.“ (Vgl. 85)

Glück bedingt Glück, weil es im Universum eine Tendenz gibt, die bewirkt, dass sich Gleiches zu Gleichem gesellt. Wer die innere Gegenwärtigkeit in sich erlangt hat, im Jetzt ist, kann auf einer sehr subtilen Ebene wirken, auf jener Ebene nämlich, wo keine Gedanken mehr die Wahrnehmung der äußeren Welt verzerren können.

Ferner gilt es, den Willen, den Sie haben, von Ihrem Ego zu unterscheiden. In den stoizistisch orientierten Weisheitslehren des Fernen Ostens spricht man manchmal von dem Punkt der „Gipfelerfahrung“. Was ist damit gemeint? Je mehr Willenskraft Sie durch stoizistische Disziplin und tugendhafte Lebensweise aufbauen können, desto mehr nähern Sie sich einem Punkt höchster Konzentration. Sind Sie dort angekommen, gibt es zwei Möglichkeiten: Entweder Sie befreien sich eben durch die Konzentration von den egoistischen Denkstrukturen oder aber Sie werden von Ihrem Ego vollends unter Kontrolle gebracht. Entweder erhöhen Sie sich oder

Sie erniedrigen sich. Entweder Freiheit vom Ego oder Gefangenschaft durch das Ego.

Die Psychologie dieses mentalen „Gipfelereignisses“, wie man es auch nennen kann, bewirkt durch die Konzentration der Willenskraft, ist der Grund dafür, warum so viele Menschen, die sich für Philosophie und Spiritualität interessieren, letztlich scheitern und Willen mit Ego verwechseln. Seneca sagte einmal: „Leben willst du? Kannst du das denn?“ (Vgl. 86)

Wollen ist eine Sache, Können eine ganz andere. Zwischen beiden können Welten liegen. Kommen sie zusammen, ist die Willenskraft groß genug. Oder anders ausgedrückt: Wollen ist einfach gewollt, aber Können ist schwer gekonnt. Doch der Einsatz der Willenskraft ist der Garant für den Erfolg des Stoikers auf seinem Weg: „Fortschritt besteht wesentlich darin, fortschreiten zu wollen.“ (Vgl. 87)

Diese Fabel handelt von einem Frosch, der im Wald auf einen Tausendfüßler traf. Der Frosch, der immer ein Philosoph gewesen war und sich immer viele Fragen über Gott und die Welt stellte, beobachtete den Tausendfüßler eine Weile lang aus der Ferne. Und er begann sich ernste Sorgen zu machen: War es doch schon schwer genug, mit vier Füßen zu laufen, wie ungleich schwerer musste es doch dann sein, sich mit tausend Füßen fortzubewegen? Wie schaffte das der Tausendfüßler überhaupt, denn er musste sich ja jedes Mal entscheiden, welchen Fuß er vor den anderen setzen musste.

So entschied sich der Frosch, den Tausendfüßler aufzuhalten und ihn darauf anzusprechen: „Hallo Tausendfüßler“, sprach er, „Du bist für mich ein großes Rätsel. Ich denke schon lange darüber nach, kann es aber nicht lösen. Wie schaffst Du es, mit tausend Füßen zu laufen? Ich kann es mir einfach nicht vorstellen, wie das funktioniert.“ Daraufhin erwiderte der Tausendfüßler voller Erstaunen: „Wie ich das mache? Aber ich laufe immer so herum. Mein ganzes Leben schon. Aber da Du diese Frage stellst, werde ich einmal nachdenken, wie es funktionieren könnte.“

Der Tausendfüßler begann also, über seine Fortbewegungsweise nachzudenken. Er dachte bei sich, dass der schlaue Frosch ganz recht hatte mit seiner Frage. Wie ging es nur? Welcher Fuß muss zuerst bewegt werden? Darüber nachsinnend blieb der Tausendfüßler regungslos stehen. Keinen einzelnen seiner tausend Füße konnte er mehr bewegen, begann zu schwanken und fiel schließlich um.

„Wer sich nicht anpassen will,
will nicht richtig wollen."

Wahre Stärke erwächst nicht einer starken Körperlichkeit mit gesellschaftlich genormten Idealmaßen, sondern einzig einem unbeugsamen Willen, der dennoch flexibel bleibt. Unbeugsam wurzelnd in den Prinzipien der Stoa, flexibel wirkend in einer Welt, die ständigem Wandel unterworfen ist.

So soll Ihr Wille wie ein Baum sein, der fest in der Erde wurzelt, dessen Äste und Zweige sich aber im Wind wiegen können, ohne abzubrechen. Die Wurzeln des Baumes sind das Schicksal, dass Ihnen Ihren Platz im Leben gibt. Die Äste und Zweige stellen die vielen verschiedenen Wege dar, die Sie gehen können. Aber jeder Baum wächst nach oben, himmelwärts, so auch der Lebensbaum des Stoikers. Das ist Ihre Gewissheit, dass alle Wege letztlich zum Ziel führen müssen, auch wenn es zeitweilig anders erscheinen sollte. Der berühmte deutsche Dichter und Dramatiker Arthur Schopenhauer, der selbst der Stoa nahestand, schrieb: „Da der ganze Mensch nur die Erscheinung seines Willens ist, so kann nichts verkehrter sein, als, von der Reflexion ausgehend, etwas anderes sein zu wollen, als man ist: Denn es ist ein unvermittelter Widerspruch des Willens mit sich selbst." (Vgl. 88)

Aus eigener Erfahrung werden Sie wissen, dass man im Leben so manche Dinge anfängt, aber nicht beendet. Bedingungen, Umstände, Situationen können sich ändern, und in vielen Fällen ist es dann notwendig, das Handeln anzupassen. Sind die Gedanken flexibel, wird auch der Wille flexibel geführt. Zwar ist er prinzipiell unbeugsam, doch er ist anpassungsfähig.

Andernfalls sind Sie nichts weiter als ein biologischer Roboter, der leicht umfallen kann, wenn der Wind des Lebens strenger wird. Flexibilität ist Stärke, nicht Schwäche, wenn die prinzipiell stoizistische Ausrichtung der Lebensführung gewahrt bleibt. Dann sind Sie widerstandsfähig bzw. resilient gegenüber jenen Dingen, von denen andere Menschen in der Regel heutzutage abgelenkt werden. Joseph von Eichendorff, ein berühmter deutscher Novellist, schrieb einmal: „Wer ehrlich will, was er soll, der kann auch, was er will!“ (Vgl. 89)

In Indien suchte ein Mann überall und viele Jahre lang nach dem Geheimnis des Lebens. Weder in der Welt, die er bereiste, noch in den Büchern, die er las, konnte er es finden. Als er eines Tages in ein kleines Dorf kam und zum Essen einkehrte, erfuhr er von den Menschen, die er dort traf, von einem geheimnisvollen Ziehbrunnen. Man erzählte ihm, dass es ein magischer Brunnen sei, der ihm die Antworten auf die brennende Frage nach dem Geheimnis des Lebens geben könne. Voller Sehnsucht und von dem Wunsch nach Erkenntnis geleitet, machte er sich sofort wieder auf den Weg, um zu diesem Ziehbrunnen zu gelangen. Seine innige Sehnsucht danach, zu erfahren, warum er lebte, war so groß, dass er auf seinem weiteren Weg sogar keinen Hunger verspürte.

Es dauerte nicht lange, bis er schließlich nach einigen Umwegen an den Brunnen gelangte. Sogleich rief er in diesen seine Frage hinein: „Welche Aufgabe habe ich im Leben?" Er lauschte in den Brunnen und vernahm nach einer kurzen Weile eine Antwort: „Geh ins Dorf zurück, an der Straßenkreuzung wirst Du finden, nach was Du gesucht hast."

Voller Freude und Hoffnung ging der Mann ins Dorf zurück und begab sich an den Ort, an dem sich zwei Straßen kreuzten. Doch alles, was er fand, waren drei Geschäfte. In dem ersten konnte man Drähte aus Metall kaufen, in dem zweiten gab es Holz und in dem dritten Geschäft wurden Metallstücke angeboten. Doch was hatte er aus dem

Brunnen gehört? Das Geheimnis des Lebens würde es hier zu finden geben. Enttäuscht musste er feststellen, dass es hier nichts gab, was auch nur im Entferntesten auf die Enthüllung dieses großen Geheimnisses hindeuten würde.

Also ging der Mann zum Ziehbrunnen zurück und rief in den Brunnen hinein: „Nichts habe ich gefunden. Bitte, Brunnen, erkläre mir, was das zu bedeuten hat?“ Aus dem Brunnen tönte es: „Du wirst es verstehen. Eines Tages ...“ Daraufhin wurde der Mann ungeduldig. Auf seinen ungehaltenen Protest hin jedoch vernahm er nur das Echo seiner eigenen Stimme. Empörung ergriff ihn und er vermutete, Opfer eines perfiden Schwindels geworden zu sein. In das Dorf ging er nicht zurück, sondern setzte seine Suche fort.

Die Jahre vergingen und der Mann vergaß mehr und mehr seine Erlebnisse an dem Ziehbrunnen. Dann, eines Nachts, als der Mond hell durch die Wolken schien, hörte er ganz plötzlich die wundervollen Klänge einer zauberhaften Musik. So meisterhaft wurde sie gespielt, dass er sich magisch von ihr angezogen fühlte. Den Klängen nachgehend gelangte er schon bald zu dem Spieler, dessen Finger sich flink und fast schwerelos über eine Sitar bewegten. In ihm stieg ein Gefühl der Freude und des Glücks auf. Und als er plötzlich sah und erkannte, dass dieses meisterhaft gespielte Instrument nur aus wenigen Holz- und Metallstücken und einigen Drähten bestand, dachte er an das, was er vor langen Jahren in dem fernen Dorf in den drei Geschäften gesehen hatte. Damals war ihm der Wert dieser Dinge nicht bewusst gewesen. Auch ihren Zweck erkannte er nun plötzlich: Jedes einzelne Teil hat in der Gesamtheit der Teile seinen Zweck und seine Bestimmung gefunden. Das war es, was die Stimme aus dem Brunnen ihm mitteilte.

Voller Dankbarkeit begann er dann selbst damit, eine Sitar zu bauen. Ihr Klang sollte so wunderschön sein wie in seinen schönsten Visionen. Auch er wurde mit der Zeit zu einem meisterhaften Spieler und sollte für den Rest seines Lebens alle Menschen, die er traf, mit Klängen verzaubern. Je länger er auf der Sitar spielte, desto besser konnte er die Fragen nach dem Geheimnis des Lebens beantworten. Nach einer Weile sagten die Menschen sogar, dass seine wundervolle Musik bei ihnen Visionen hervorrufen würde, mit denen sie die Fragen nach dem Sinn ihres Lebens beantworten könnten.

> *Alles ist von der Einbildung abhängig. Jeder ist in dem Grad elend, als er ihr nachfolgt.*

Von Seneca sind folgende Worte überliefert worden: „Niemand wird von der Schicksalsgöttin niedergeschmettert, der sich nicht zuvor schon von ihr hat täuschen lassen." (Vgl. 90)

Dieser Sinnspruch betont etwas, dem Sie im Leben natürlich ausgesetzt sind, und zwar, dass Sie das Schicksal selbst in die Hand nehmen wollen. Entgegen allen Zeichen und Warnungen des Lebens. Es kommt häufig vor, dass Sie sich etwas vornehmen, von dem Sie fest überzeugt sind. Es mag ein Vorhaben sein, das ganz Ihre innere Zustimmung erfährt. Doch dann geht etwas schief oder es passiert etwas, das für Sie unerwartet war. Sie scheinen vom Weg abzukommen. Also versuchen Sie, einen anderen Weg einzuschlagen, und zwar jenen, den Sie eigentlich gar nicht einschlagen wollten, weil Sie davon innerlich nicht überzeugt waren. Die Folge ist, dass Sie wieder scheitern, und sich die Situation für Sie sogar noch verschlechtert. Was ist passiert? Obwohl Sie dem Schicksal zu folgen haben, können Sie ihm nicht in die Karten schauen. Es ist wie eine dunkle Landstraße, auf der Sie des Nachts entlangfahren. Sie können die Straße vor Ihnen nur so weit erkennen, wie auch Ihre Scheinwerfer leuchten. Aber mit jedem Meter, mit jedem Kilometer, den Sie weiterfahren, wird die Straße hinter Ihnen länger und länger. Versuchen Sie also nicht, den Verlauf der Straße Ihres Lebens zu deuten, ohne dass Sie ihn nicht auch erkennen können. Tun Sie das, geschieht das, von dem Seneca sprach, als er die Schicksalsgöttin erwähnte. Andernfalls aber bewahrheitet sich Senecas Ausspruch: „Es wächst der Mut bei jedem Blick auf die Größe des Unternehmens." (Vgl. 91)

Auch Flüsse haben ihre Geschichte. So auch ein Fluss, der in einem fernen Lande, das viele Entdecker schon vergeblich gesucht haben, seine Quelle in einem hohen, fast unzugänglichen Gebirge hatte. Auf seinem Weg floss er durch viele verschiedene Landschaften, bevor er nach vielen Tausenden von Kilometern schließlich eine öde Sandwüste erreichte. Da Flüsse von dem Willen beseelt sind, immer weiter zu fließen, versuchte der Fluss nun auch, sich seinen Weg durch diese Sandwüste zu bahnen. Doch schnell fiel ihm auf, dass er es nicht schaffte, denn so schnell auch seine Wasser durch den Sand flossen, so schnell versickerten sie wieder in diesem. Doch er war der festen Überzeugung, dass es sein Schicksal war, auch diese heiße Sandwüste hinter sich zu lassen.

Plötzlich vernahm der Fluss eine Stimme, die aus den Sanden flüsternd zu ihm drang: „So wie der Wind durch die Wüste weht, kann ein Fluss durch sie hindurchfließen.“ Daraufhin sprach der Fluss: „Wie soll ich dies schaffen, wenn meine Wasser doch von den heißen Sanden aufgesogen werden. Wäre ich ein Wind, könnte ich mich hoch über die Wüste erheben und über sie hinwegfliegen. Doch ich bin ein Fluss.“ Die Stimme erwiderte: „Versuchst Du diese Wüste auf die Dir gewohnte Art und Weise zu durchqueren, wirst Du es nicht schaffen. Entweder versickern Deine Wasser oder aus Dir wird ein tiefer Sumpf.“ „Doch was soll ich tun?“, fragte der Fluss mit einiger Verzweiflung. „Erlaube dem Wind, der über die Wüste weht, Dich auf die andere Seite, wo Deine Bestimmung liegt, zu tragen." „Wie aber soll ich das machen?", fragte der Fluss abermals. Die Stimme erwiderte: „Das Einzige, was Du machen musst, Du musst dem Wind vertrauen und Dich von ihm tragen lassen."

Das war dem Fluss nicht geheuer und er wandte ein: „Aber wenn ich das tue, dann verliere ich doch das, was ich bin. Ich verliere mich selbst. Und wo und wann werde ich wieder das sein, was ich bin?" Daraufhin antwortete die Stimme aus den Sanden: „Der Wind hat eine Aufgabe, die er erfüllt, denn er nimmt die Wasser auf und fliegt mit ihnen über die Dünen der Wüste. Dann gibt er die Wasser wieder frei, sodass sie als Regentropfen auf die Erde fallen können. Am Boden angekommen, wird aus den Wassern wieder ein Fluss." Der Fluss erwiderte: „Aber wie kann ich wissen, dass das wirklich so ist?" Die Stimme der Wüste führte weiter aus: „Es ist die Wahrheit. Doch wenn Du es nicht glaubst, wird Dein Schicksal besiegelt werden, indem Du versickerst oder zu einem Sumpf wirst. Viele Jahre würde dies dauern, und ein Fluss wirst Du niemals mehr sein. Niemals mehr wirst Du neue Landschaften durchqueren können."

Daraufhin gab der Fluss seinen Widerstand auf und gestattete es dem Wind, seine Wasser aufzunehmen. Gemeinsam überflogen sie die Wüste und als diese zu Ende war, ließ der Wind die Wasser des Flusses wieder auf die Erde herabfallen, sodass aus ihnen wieder ein Fluss entstehen konnte.

> *Wer ohne Furcht ist, dem ist Traurigkeit fern. Und wem Traurigkeit fern ist, dem ist das Glück sehr nah.*

Es ist nicht möglich, nachzuvollziehen, wie viele Entscheidungen Menschen im Leben aus Furcht treffen. Auch wenn man die Zahl wüsste, sie würde keinen Aufschluss darüber geben, welche dramatischen Folgen solche Entscheidungen für das Leben der betreffenden Person, aber auch andere Menschen haben. Seneca riet dem Stoiker: „Wie lange ich lebe, das hängt nicht von mir ab. Ob ich aber wirklich lebe, das hängt von mir ab." (Vgl. 92)

Damit will der Philosoph zum Ausdruck bringen, dass sich niemand vor dem Tod fürchten muss, da dieser das unabdingbare Schicksal aller physischen Existenz ist. Seneca schrieb: „Sieh den Tod als gleichgültig an. Haben wir die Furcht vor ihm überwunden, so gibt es nichts Trauriges mehr." (Vgl. 93)

Wohl aber gilt es sich davor zu fürchten, dass es die Furcht ist, die den Menschen davon abhält, wirklich zu leben und seinen vorgezeichneten Lebensweg zu beschreiten. Furcht ist wie ein Schatten, die der Mensch wahrnimmt und der sich über sein Leben legt, wenn er ihr nachgibt, d. h. in sein Leben holt. Gehen Sie in sich und überlegen Sie sich einmal, vor wie vielen Dingen Sie schon Angst gehabt haben. Und dann überlegen Sie weiter, wie groß der Schaden war, den Ihre Angst angerichtet hat und ob dieser Schaden in irgendeinem Verhältnis zu der Angst stand, die Sie hatten.

Die Stoiker sprechen darum von einer inneren Festung der Seele, deren Wälle gegen alle Furcht gestärkt sind. Diese Wälle, die das Innere der Festung beschützen, sind Ihr Wille. Handeln Sie also willensstark, prallt die Furcht an den Wällen buchstäblich ab und kann ihre Gefährlichkeit nicht mehr entfalten.

Auch hier spielt die Kontrolle über das, was Sie als einziges kontrollieren können, eine Hauptrolle: Ihre Gedanken. Und diese bestimmen Ihr Handeln, das furchtlos sein muss. Bei Seneca heißt es daher: „Denn es gibt kein Glück, das nicht die Furchtlosigkeit zur Voraussetzung hätte." (Vgl. 94)

Doch Vorsicht! Es gibt wohl einen Weg, die innere Festung einzunehmen. Nicht von außen, sondern von innen her. Konnte einer alten Überlieferung nach Rom, die Ewige Stadt, nicht von den Barbaren nur überfallen werden, weil eines der Stadttore von innen geöffnet wurde?

OKTOBER

„Was nicht gut für den Bienenstock ist, ist auch nicht gut für die Biene.“

– Marcus Aurelius (Vgl. 95)

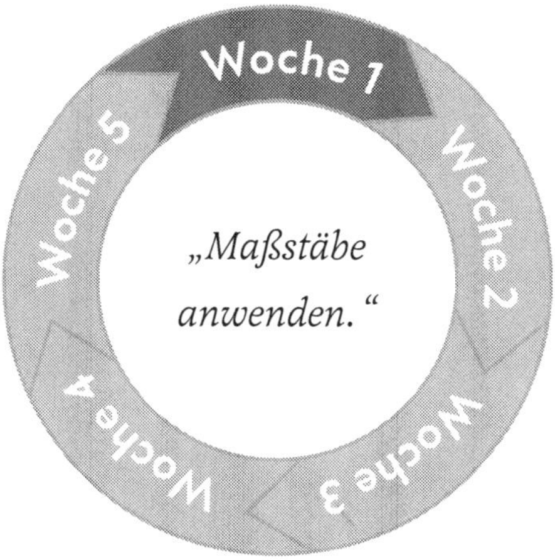

In den Ländern des Orients war es in früheren Zeiten Sitte, dass die Menschen ihren nächtlichen Träumen eine große Bedeutung zumaßen. Aus diesem Grunde gab es in jedem Dorf, in jeder Stadt und auch auf dem Land Traumdeuter, die die Träume, von denen ihnen erzählt wurde, als Prophezeiungen deuteten.

Es trug sich also zu, dass ein mächtiger Sultan, dessen Reich sich über große Teile Südarabiens erstreckte, einen Traum hatte, der ihn in Angst und Panik versetzen sollte. So träumte er nämlich, dass er plötzlich alle Zähne verloren hatte. Am nächsten Morgen lief er angsterfüllt zu seinem persönlichen Traumdeuter und schilderte diesem den Inhalt seines Traums. Der Traumdeuter hörte sich alles an und sprach dann zum Sultan: „Eure Exzellenz, leider obliegt es mir nun, Euch eine traurige Kunde zu überbringen. Wie alle Eure nahen Verwandten werdet auch Ihr Eure Zähne verlieren." Der Sultan erstarrte vor Schrecken und bezeichnete seinen Traumdeuter in seiner Wut als einen Lügner und Scharlatan. Dann ließ er ihn von Wachen abführen und in ein tiefes Verließ sperren.

Noch immer in Rage rief der Sultan nach einem neuen Traumdeuter, der sich den Traum ebenfalls erzählen ließ und dann sprach: „Oh Exzellenz, wie glücklich ich bin, Euch eine freudige Mitteilung machen zu können. Ihr seid vom Schicksal auserkoren worden, älter als alle Eure Vorfahren und Verwandten zu werden. Ihr werdet das Glück haben, sie alle überleben zu können." Der Sultan war darüber höchst erfreut und entlohnte den Traumdeuter fürstlich.

Der Schatzmeister des Sultans, der alles mit angehört hatte, war dagegen sehr überrascht, trat an den Traumdeuter heran und frage diesen: „Ich verstehe das nicht. Obwohl Du dem Sultan eigentlich nichts anderes mitgeteilt hast als Dein Vorgänger, der in ein Verlies geworfen wurde, bist Du so reich belohnt worden?" Der Traumdeuter erwiderte: „Wir beide haben den Traum des Sultans genauso gedeutet. Nur ist es immer entscheidend, welche Worte man wählt."

> „Zu spät gibt derjenige, der erst einem Bittenden zu geben bereit ist."

Die Maßstäbe der Stoa anzuwenden, bedeutet, sie nach außen zu tragen und zu kommunizieren. Doch das geschieht nicht mit vielen Worten, wie Seneca klarstellte: „Die Philosophie lehrt handeln, nicht schwatzen." (Vgl. 96)

Wichtig ist es, die innere Tugendhaftigkeit hell strahlen zu lassen. Bei Heraklit heißt es: „Wir Sterblichen werden erleuchtet und ausgelöscht." (Vgl. 97)

Solange Sie leben, sollten Sie deshalb wie das Licht der Vernunft sein, welches das Universum durchflutet, wie sich die Stoiker ausdrücken. Doch von Vernunft zu reden und vernünftig zu denken, ist eine Sache. Diese Vernunft durch Handlungen kenntlich zu machen, eine andere.

Denken Sie z. B. an ein altes arabisches Sprichwort (Vgl. 98), nach dem jedes Ihrer Worte durch drei Tore hindurchgehen sollte, bevor Sie es äußern. Der Wächter des ersten Tores fragt: „Ist dieses Wort wahr?" Am zweiten Tor werden Sie gefragt: „Ist es nötig?" Und der Wächter des dritten und letzten Tores stellt die Frage: „Ist es freundlich?" Wenn alle drei Fragen positiv beantwortet werden, kann ein Wort ausgesprochen werden, eine Aussage gemacht werden.

Das Motto lautet: „Sagen Sie es weiter!" Für Stoiker bedeutet das natürlich auch die Verwendung wirkungsvoller, traditioneller, rhetorischer Mittel. Zenon sagte: „Es ist besser, mit den Füßen zu straucheln als mit der Zunge." (Vgl. 99)

Wirken Sie also vernünftig, bedacht und standfest. Doch verwechseln Sie diese Standfestigkeit nicht mit dem, was man im Allgemeinen unter „Bibeltreue" versteht. Geben Sie Erkenntnisse nicht wortwörtlich wieder. Reichern Sie diese mit Ihren eigenen Erfahrungen an, doch bleiben Sie immer bei den Prinzipien der Stoa.

Treten Sie nicht als ein Erlöser oder Problemlöser auf. Wenn allerdings die Möglichkeit besteht, durch Ihr Handeln selbst dazu zu lernen und Neues zu erfahren, liegt die Entscheidung bei Ihnen. Sprechen Sie dann mit Personen darüber, die Ihnen geeignet erscheinen. Seneca gibt darum zu bedenken: „Ohne Gesellschaft ist Glück unmöglich." (Vgl. 100)

Doch eine weitere Regel ist auch hier zu beachten: Alles, was Sie auch immer tun, muss immer besser sein als alles, was Sie auch immer sagen. Nur dann kann sich das Folgende bewahrheiten: „Wer einem anderen nützt, hat damit auch immer sich selbst genützt." (Vgl. 101)

Vor der Weihnachtszeit besuchte Tante Klara mal wieder den Ebereschenhof, wo sie die Geschenke für ihre Enkelin abgeben wollte. Als sie von den Eltern der kleinen Thea begrüßt wurde, hörte diese die Stimme ihrer Tante und lief sofort aufgeregt los, um sie stürmisch zu begrüßen. Ihre Tante steckte ihr einige Münzen zu und Thea begann zu strahlen. Dann verschwand das kleine Mädchen für eine kurze Weile und kam fröhlich zu seiner Tante zurückgelaufen. Sie sagte: „Hier, Tante, schau mal, mein Sparschwein." Die Tante strich ihrer Enkelin übers Haar und lächelte zustimmend. Dann fragte Thea: „Tante Klara, sag mal, kann ich mir mit Geld alles kaufen, was es gibt?" Die Tante erwiderte: „Nun ja, Thea, Du kannst Dir nicht alles kaufen, aber Du kannst Dir zumindest einige Wünsche damit erfüllen." Thea antwortete: „Na, hoffentlich ist genug Geld in meinem Sparschwein." Daraufhin fragte die Tante neugierig: „Sag mal, Thea, wofür brauchst Du denn so viel Geld?" „Mama hat zu mir gesagt, wenn sie sich nur ein bisschen Zeit kaufen könnte, damit sie mit mir spielen kann. Kannst Du nicht in die Stadt fahren und für Mama etwas Zeit einkaufen, damit wir spielen können?"

Als die Tante das hörte, war sie gerührt, und sie versprach der kleinen Thea, alles zu versuchen, um etwas Zeit für ihre Mutter zu kaufen.

Tante Klara ging in die Küche, wo die Mutter der kleinen Thea gerade am Putzen war. Als sie ihre Schwester sah, fing sie an zu klagen: „Ach, ich habe so viel zu tun. Es sind nur noch vierzehn Tage bis Weihnachten, und noch immer habe ich keine Geschenke." Dann zeigte die Tante ihrer Schwester das Sparschwein und erklärte ihr, was es damit auf sich hatte und dass die kleine Thea vorhabe, mit dem gesparten Geld Zeit für die beiden zu kaufen.

Als die Mutter das hörte, war sie gerührt, wusch sich die Hände, legte die Schürze ab und setzte sich sichtlich erschöpft auf einen Stuhl. Bevor die Tante wieder ging, nahm sie liebevoll die Hand ihrer Schwester und sagte zu ihr: „Wenn die Kinder erwachsen sind, werden sie sich nicht mehr an eine saubere Küche oder ein geputztes Fenster erinnern, wohl aber werden sie sich an die Zeit erinnern, die sie gemeinsam mit Dir verbracht haben."

Die Mutter dankte ihrer Schwester für diese Worte, stand auf und ging mit Tränen in den Augen zu ihrer Tochter ins Kinderzimmer.

> *„Der Weise blickt niemals auf den Erfolg, sondern immer nur auf die Absicht."*

Im Stoizismus sagt man, jeder Mensch habe im Leben eigentlich nur zwei Aufgaben zu erledigen. Die eine besteht darin, ein guter und gerechter Mensch zu sein, die andere, immer seinem Schicksal, seiner Berufung, seinem Beruf, seinen Verpflichtungen zu folgen. Das alles sollte der Mensch mit inniger Liebe tun.

Wenden Sie sich anderen Beschäftigungen zu, die Ihnen zeitweilig Befriedigung zu verschaffen scheinen, werden Sie auf Dauer gesehen Ihre wertvolle Lebensenergie verschwenden. Sie geben aber auch Ihr eigenes Potenzial ab. Ein Beispiel: Sind Sie ein kreativer Mensch, müssen Sie Ihre Kreativität so einsetzen, dass diese für das genutzt wird, was Ihrem Weg entspricht. Das bedeutet in erster Linie, dass es nicht darum geht, viel Geld zu verdienen oder großen Ruhm zu erlangen. Wer diesen beiden Verlockungen folgt, dessen Kreativität und Kunst wird auf die Dauer verflachen, weil sie sich von ihm selbst entfernt und entfremdet. Entfremdung ist immer Verflachung. So heißt es bei Seneca: „Es lebt nur, wer sich vielen nützlich erweist. Es lebt nur, wer von sich selbst den rechten Gebrauch zu machen weiß." (Vgl. 102)

Berücksichtigen Sie bei Ihrem Handeln diese zwei stoizistischen Prämissen, werden Sie ganz automatisch Ihrer Berufung oder Ihrem Beruf folgen können. Diesen Weg zu gehen, wird Ihnen ganz leicht vorkommen. Ohne Anstrengungen können Sie dann auch die Probleme meistern, die Ihnen von der Schicksalsgöttin auf den Weg gelegt werden. Viele Menschen, die vor Problemen stehen, wissen nicht ein oder aus, weil sie schlicht vergessen, sich auf ihre innere Willenskraft zu berufen. Sie sind äußerlich abgelenkt und gehen in die Irre. Berücksichtigen Sie darum Senecas Worte: „Wo die Natur nicht will, ist die Arbeit umsonst." (Vgl. 103)

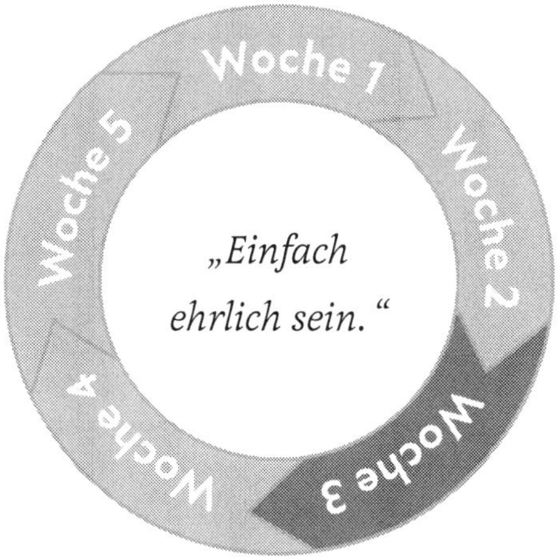

Ein sehr reicher Händler ließ einmal aus Gründen der Vorsicht und aus Angst vor Dieben eine große Summe Geld in ein Tuch einnähen. Doch dann geschah es, dass er dieses wertvolle Tuch verlor. Verzweifelt ob des Verlusts setzte der Händler eine Belohnung aus, die 100 Taler betrug. Schon nach kurzer Zeit kam ein ehrlicher Bürger zu ihm, der das Tuch gefunden hatte und der Händler, der überglücklich war, zählte sofort das Geld nach, das sich im Tuch befand.

Doch während er zählte, überlegte er, wie er den ehrlichen Finder um seine Belohnung betrügen könnte. Er sagte: „In dem Tuch hatte ich 800 Taler einnähen lassen, aber ich sehe gerade, dass nur noch 700 Taler vorhanden sind und Sie sich Ihre Belohnung wohl schon selbst abgezogen haben." Der ehrliche Mann, der das Tuch gefunden hatte, beteuerte dem Händler, dass das nicht stimmte und auch, dass es ihm nicht um das Geld der Belohnung gehen würde. Doch unehrlich sei er nicht. Und das würde er sich auch nicht vorwerfen lassen.

Die beiden stritten noch eine Weile, bevor sie sich entschlossen, den Streit vor Gericht schlichten zu lassen. Der Richter war ein weiser Mann und beide Betroffenen mussten vor Gericht den Fall mit ihren eigenen Worten schildern. Als würde der Richter die betrügerischen

Absichten des Händlers erahnen, kam er zu folgendem Urteilsspruch: „Wenn jemand ein Tuch verliert, in dem sich 800 Taler befinden und ein anderer ein Tuch findet, in dem sich 700 Taler befinden, kann es sich nicht um ein und dasselbe Tuch handeln. Aus diesem Grunde obliegt dem Finder des Tuchs die Pflicht, es so lange zu verwahren, bis sich sein echter Besitzer bei ihm meldet. Der Andere, der das Tuch mit 800 Talern verloren hat, muss sich so lange gedulden, bis sein Tuch irgendwo wieder auftaucht."

> *„Ehrlichkeit mag die verwegenste Form der Tapferkeit sein."*

Es ist heutzutage vielleicht eine der größten Herausforderungen an die Menschen, in ihrem Alltag immer ehrlich zu sein. Zu oft geben sie sich der momentan zweckmäßigen Lüge hin. Mal ist sie klein und scheinbar unbedeutend, mal größer und ein anderes Mal hat sie gewichtige Folgen für ihr Leben. Eine Lüge ist ein Bumerang, den man in die Dunkelheit wirft. Man weiß nie, wann und wo er zurückkommt und einen selbst trifft. Für den Stoiker ist die Ehrlichkeit eine der höchsten Maxime, die es täglich zu leben gilt. Ehrlich gegenüber sich selbst und ehrlich gegenüber den Mitmenschen. Wenn Sie das eine praktizieren, praktizieren Sie auch das andere.

Doch Ehrlichkeit darf nicht geplant werden. Man nimmt sie sich nicht vor. Vorsatz ist in diesem Sinne meistens der erste Schritt zur Unehrlichkeit. Ehrlichkeit und Offenheit sind natürliche Bestandteile der inneren positiven Stärke, über die Sie als Stoiker verfügen sollten. Andernfalls nämlich treffen die Worte zu, die von Marcus Aurelius überliefert wurden: „Wie verdorben und verlogen ist ein Mensch, der behauptet, jetzt mal aufrichtig sein zu wollen." (Vgl. 104)

Überlegen Sie sich nun einmal, wie oft Sie schon Formulierungen verwendet haben, wie z. B. „Also, mal ehrlich ...", „Um ganz ehrlich mit dir zu sein ...", „Ich will jetzt mal aufrichtig sein ..."? Wann immer Menschen sich so ausdrücken, können Sie fast sicher sein, dass sie nicht ehrlich sein werden.

Was aber bedeutet Ehrlichkeit aus philosophisch-stoizistischer Sicht? In der antiken Welt wurde der Begriff der Ehrlichkeit gerne mit einem anderen Wort in Verbindung gebracht: Aufrichtigkeit. Doch für die Philosophen der Stoa war Aufrichtigkeit mehr als nur ein Wort, denn dem Wortsinn nach bedeutet „aufrichtig sein" „aufrecht sein" oder „aufrecht stehen". Wer aufrichtig ist, ist aufgerichtet, richtet sich auf, wird als gerecht angesehen.

Das wird Ihnen vielleicht noch etwas verständlicher werden, wenn Sie daran denken, dass die Symbolik des Aufrechten immer der Symbolik des Kriechenden gegenübergestellt wurde, wie z. B. in der berühmten Bibelepisode von Moses, Pharao und den sich verwandelnden Schlangenstäben. (Vgl. 105)

Kurz gesagt: Das, was nicht aufrecht ist und am Boden kriecht, wurde immer als das Lügende oder Verlogene angesehen. In der Genesis wird die Schlange verflucht, auf dem Bauch zu kriechen, weshalb sie als Verführerin der Menschen gilt.

Für das alltägliche Leben gibt es eine stoizistisch orientierte Regel, die von Martin Luther ausgedrückt wurde: „Die Lüge ist wie ein Schneeball: Je länger man ihn wälzt, desto größer wird er." (Vgl. 106)

Das ist die Geschichte von der unglücklichen Krämersfrau, die ein Geschäft hatte, das nicht gut lief. Die Räumlichkeiten waren in einem immer schlechteren Zustand und es kamen immer weniger Kunden. Mit großer Sorge musste sie zusehen, wie ihr Vermögen immer kleiner wurde.

Eines Tages ging sie deswegen zum Weisen des Dorfes und berichtete diesem von ihrem Leid: „Mein Geschäft geht überhaupt nicht, es kommen kaum noch Kunden. Die Zeiten sind schlecht. Hast Du einen Rat für mich, weiser Mann?" Der Weise reichte ihr daraufhin ein kleines Kästchen, das verschlossen war, und kommentierte: „Jeden Morgen, jeden Mittag und jeden Abend sollst Du mit diesem Kästchen herumlaufen. Überall sollst Du es dabeihaben. In Deinem Geschäft, im Keller, in jeder Ecke des Hauses, sowie auch überall auf Deinem Anwesen. Du wirst sehen, dass es Dir bald besser ergehen wird. Wenn ein Jahr vergangen ist, bringst Du mir das Kästchen wieder zurück."

Die Frau dankte dem Weisen und tat, wie ihr aufgetragen wurde. Überall, wo sie hinging, nahm sie das Kästchen mit. Bald schon sollte sie viele Dinge entdecken, die sie zuvor gar nicht bemerkt hatte. Ihr Leben veränderte sich. Sie reinigte das Geschäft, fegte den Staub aus allen Ecken zusammen, polierte die Möbel und putzte Boden, Eingang und Fenster. Sie schliff die vielen Holzregale ab, versah diese mit neuer, frischer Farbe und räumte viele Dinge, die herumstanden, endlich sorgfältig ein. Dinge, die kaputt waren, ließ sie reparieren, ein alter Teppich im Geschäft wurde ersetzt. Im Garten vor und hinter dem Haus rupfte sie Unkraut heraus und bewirkte so, dass ein alter vergessener Rosenstrauch wieder erblühen konnte. Der Eingang ihres Geschäfts wurde mit mehreren Töpfen voller bunter Blumen geschmückt und vor ihrem Geschäft stellte sie sogar eine kleine Bank auf, auf der sich ihre Kunden niederlassen konnten.

Dann war das Jahr vorüber, sie ging zum weisen Mann und übergab ihm das Kästchen: „Vielen Dank, weiser Mann, für dieses Kästchen. Es war mir eine große Hilfe. Es geht mir gut, die Kunden kommen wieder und ich verdiene wieder Geld. Doch eines musst Du mir verraten: Was ist in diesem kleinen Kästchen drin? Was bewirkt seine Zauberkraft?" Der Weise nahm das Kästchen und lächelte die Frau an: „Nichts. Das Kästchen war die ganze Zeit leer. Du selbst bist es gewesen, die die Wunder vollbrachte."

> „Gewohnheiten können wie der Missbrauch von Glück sein."

Der Mensch ist ein Gewohnheitstier. So wird es gesagt. Und es stimmt. Doch in den meisten Fällen ist dabei von all jenen Gewohnheiten die Rede, die einen negativen Einfluss auf das Leben haben. Für den Stoiker sind negative Gewohnheiten, die es abzuschalten gilt, all jene, die ihn von seinem Schicksalsweg ablenken oder wegführen. Heraklit stellte fest: „Nichts ist so beständig wie der Wandel." (Vgl. 107) Das gilt für das Schlechte, wie für das Gute.

Gewohnheiten machen träge und unbeweglich. Und sie machen sogar Angst. Sie machen dieses oder jenes und Sie denken nicht weiter darüber nach, weil Sie es ja schon lange so tun. Und unmerklich wird aus der Gewohnheit eine Mauer aus Verhaltensweisen, die Sie unempfänglich macht für neue Impulse, die Ihnen das Leben zur Verfügung stellt. Aus diesem Grunde schrieb der berühmte französische Künstler Jean Cocteau: „Die meisten leben in den Ruinen ihrer Gewohnheiten." (Vgl. 108)

Leben bedeutet Wandel. Nichts bleibt, wie es ist. So ist es wichtig, auch Gewohnheiten, die Sie liebgewonnen haben, zu überdenken. Ist es wirklich notwendig, den Tagesablauf so oder so zu verplanen? Ist es notwendig, dreimal im Jahr zu verreisen, um das Gefühl von Freiheit und Selbstbestimmtheit zu haben? Schlechte Gewohnheiten sind mächtig, aber gute Gewohnheiten sind mächtiger. Nutzen Sie Ihre innere Stärke und setzen Sie all jenen Gewohnheiten, von denen Sie der Ansicht sind, sie seien schlecht, gute Gewohnheiten entgegen. Wenn Sie zu viel essen sollten, essen Sie weniger oder verzichten Sie auf Kohlenhydrate. Wenn Sie sich zu wenig bewegen oder zu viel am PC sitzen, machen Sie öfter einen ausgedehnten Spaziergang. Sind Sie eine Person, die gerne Dinge lieber morgen als heute erledigt? Wenn ja, machen Sie es sich zur Gewohnheit die Dinge immer sofort zu erledigen.

Marcus Tullius Cicero schrieb: „Die Gewohnheit ist die zweite Natur." (Vgl. 109) Damit meinte er sowohl schlechte als auch gute Gewohnheiten, d. h. solche, die Sie einengen oder solche, die Sie weiterbringen auf Ihrem Weg. Welche es sind, ist Ihre Entscheidung ganz allein, denn Sie sind der Schmied Ihres eigenen Glückes.

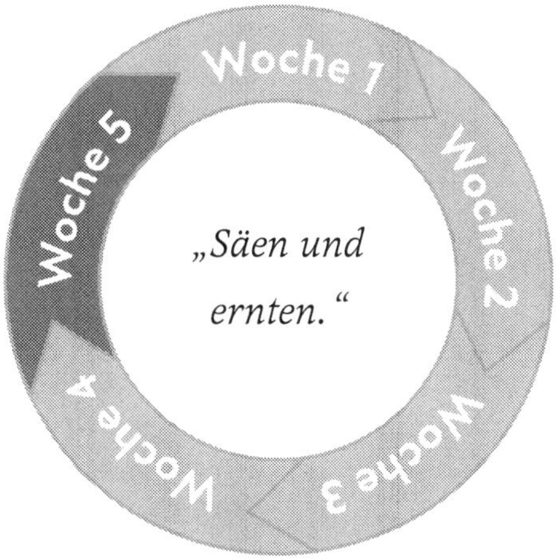

Nachdem sie wiederholt in die abendliche Rushhour vor dem Wochenende gekommen war, wählte eine Frau eines Freitags einen Zug, der etwas später fuhr. Nach einer anstrengenden Woche wollte sie unbedingt dem Berufsverkehr entgehen, zumal sie gerade ein intensives Programm-Seminar absolviert hatte, für welches sie ihr Chef vorgeschlagen hatte. Was sie nun brauchte, war absolute Ruhe und eine schöne Zeit mit ihrer Familie am Wochenende. Sie bestieg also einen späteren Zug, in dem nicht viele Menschen waren und der sehr ruhig war. Bis auf wenige Ausnahmen waren alle Zuggäste mit ihren Notebooks, Tablets oder Smartphones beschäftigt, und schauten noch nicht einmal auf, als sie durch die Abteile zu ihrem Platz ging.

Der Zug fuhr ein paar Stationen weiter, als an einer Haltestelle eine junge Mutter mit Kindern zustieg. Ohne die Frau zu begrüßen, setzte sich die Mutter ihr gegenüber. Nach einer kurzen Weile schloss sie ihre Augen. Währenddessen begannen die Kinder, wild und lauthals im Abteil herumzutoben. Ohne Rücksicht auf andere rannten sie schreiend und spielend umher und rempelten dabei sogar einige Fahrgäste an. Bei einer Gelegenheit fiel einer älteren Frau sogar der heiße Kaffee-Becher über die Kleidung. Die Mutter jedoch, die immer noch ihre Augen geschlossen hielt, schien das wilde Treiben ihrer Schützlinge nicht zur Kenntnis zu nehmen. Sie schien sie zu ignorieren. Auch dann noch, als bereits einige Fahrgäste offen ihren Ärger über die Situation im Abteil kundtaten. Die Frau war ein wenig irritiert von dem Verhalten der Mutter und wollte schon die Mutter daraufhin ansprechen, als gerade der Zugschaffner das Abteil betrat. Er stellte sich vor sie im Gang und sagte: „Werte Dame, ich muss Sie darauf hinweisen, dass Ihre Kinder durch ihr Verhalten die anderen Fahrgäste stören. Seien Sie bitte so nett und bringen Sie sie zur Ruhe."

Daraufhin öffnete die Frau wieder die Augen, wobei es so aussah, als würde sie sich erst in diesem Augenblick der Situation bewusst werden. Sie erwiderte leise: „Ich muss mich vielmals bei Ihnen entschuldigen. Ich war achtlos. Aber ich bin so verzweifelt und weiß nicht mehr, was ich denken soll. Vor einer Stunde war ich mit meinen Kindern im Krankenhaus, weil mein Mann heute verstorben war. Auch meine Kinder wissen wohl nicht, wie sie diesen Schicksalsschlag verarbeiten sollen."

Die Frau, die der Mutter die ganze Zeit gegenübergesessen hat und sie im Stillen der Ignoranz und Rücksichtslosigkeit bezichtigt hatte, fühlte eine gewisse Scham, als sie vernahm, was die Mutter dem Schaffner erzählte. Sie musste an der nächsten Haltestelle aussteigen, und nachdem sie von ihrem Platz aufgestanden war, ging sie zur Mutter hinüber, nahm ihre Hand und drückte diese wortlos. Für einen kurzen Augenblick sah sie ein dankbares Lächeln über das Gesicht der Mutter huschen.

> *„Gelungen ist etwas, wenn der Tag der Aussaat wie der Tag der Ernte ist."*

Wer im Leben die Dinge mit Bedacht sät, geht mit gutem Beispiel voran. Das gilt für alles, was Sie als Stoiker tun. Doch die Saat des Handelns sind Ihre eigenen Gedanken. Die Worte, die Sie aussprechen, sind der Boden, in den Sie Ihre Saat setzen, und zwar in jedem Gespräch mit anderen Menschen. Doch wie wird die Ernte ausfallen?

Manche Gedanken werfen schon bald eine Ernte ab, manche benötigen länger, um ihre Frucht hervorzubringen. Es hängt von Ihnen ab. Agieren Sie im Sinne der Stoa gut und aufrichtig. Sind Sie ehrlich und offen, so werden Sie auch eine reiche Ernte haben, die Sie im Leben und auf Ihrem Weg als Stoiker weiterbringt. So ist es von größter Bedeutung, auf die Worte, die Sie wählen, zu achten. Gehen Sie achtsam mit ihnen um. Dann wird Ihnen das Säen so einfach fallen wie das Ernten. In dem taoistischen Sinnspruch „Reden ist säen, Schweigen ist ernten" (Vgl. 110) wird noch ein weiterer Aspekt angesprochen, der für den Stoiker ebenfalls sehr wichtig ist:

Gehen Sie immer ohne Erwartungen durch das Leben. Damit üben Sie sich nicht nur in Ihrer persönlichen Flexibilität gegenüber dem beständigen Wandel des Lebens, sondern wappnen sich auch gegenüber so manchen Enttäuschungen. Das Unerwartete birgt oft viel mehr Potenzial zur Veränderung als das Erwartete. Etwas anders drückte es der französische Dichter Antoine de Saint-Exupéry aus, der aber dasselbe meinte: „Wer nur kämpft, um zu gewinnen, erntet nichts, wofür es sich lohnt, zu leben." (Vgl. 111)

Natürlich säen Sie mit jeder Handlung auch einen Keim Ihres Schicksals, wie es z. B. im Neuen Testament zu lesen ist: „Lasst euch nicht irreführen. Denn was immer ein Mensch sät, das wird er auch ernten." (Vgl. 112)

Für den Stoiker gibt es eine Regel, die sich in vier Schritten darstellen lässt: Säen Sie Gedanken und Sie werden Taten ernten. Säen Sie Taten, und Sie werden gute Gewohnheiten ernten. Säen Sie gute Gewohnheiten, werden Sie Ihren Charakter mit jeder Ernte vervollkommnen. Und letztlich werden Sie mit dem Säen Ihres Charakters auch Ihre Bestimmung im Leben ernten.

NOVEMBER

„Der Ziellose erleidet sein Schicksal – der Zielbewusste gestaltet es.“

– Immanuel Kant (Vgl. 113)

Zwei taoistische Mönche gingen einen Weg entlang in die nächste kleine Stadt, als sie an einen Fluss kamen und eine Frau erblickten, die an seinem Ufer stand. Sie war jung und sehr hübsch und hatte Angst, allein über den Fluss zu gehen. Einer der beiden Mönche entschied sich, die junge Frau anzusprechen und ihr anzubieten, sie über den Fluss zu bringen. Er sagte ihr, sie solle sich dazu nur auf seine Schultern setzen und er würde sie hinübertragen. Dies taten sie und als sie beide sicher auf der anderen Seite des Flusses angekommen waren,

bedankte sich die junge Frau bei dem Mönch und ging ihres Weges. Auch die beiden Mönche zogen weiter.

Nach einer Weile wandte sich der eine Mönch zu seinem Bruder, der die Frau über den Fluss getragen hatte, und fragte diesen: „Warum hast Du das nur getan? Du, der Du ein Mönch bist und enthaltsam lebst. Wie kannst Du nur eine schöne junge Frau auf Deine Schultern nehmen?"

Daraufhin sagte der Mönch: „Oh, ich sehe, Du bist es, der die Frau noch immer auf seinen Schultern trägt? Ich dagegen setzte sie am Ufer ab."

> *Sich alles wünschen, was einmal geschehen wird, auch wenn es niemand wissen kann, ist gelebte Erkenntnis.*

Es war viele Jahrhunderte nach Stoikern wie Zenon, Seneca oder Marcus Aurelius, als der berühmte deutsche Philosoph Friedrich Nietzsche den Begriff und die stoizistisch inspirierte Maxime „Amor Fati" prägte. Sie bedeutet „Liebe zum Schicksal" und soll eine ganzheitliche Lebensbejahung für den Menschen erfahrbar machen. (Vgl. 114)

Mit dieser Formel wollte Nietzsche den Menschen befähigen, das Notwendige nicht nur zu ertragen, sondern es auch zu lieben. Sowohl Nietzsche als auch der römische Kaiser Marcus Aurelius hatten dabei erkannt, dass die Welt in ihrem Inneren von Bestimmungen und Korrespondenzen gestaltet wird. Marcus Aurelius drückte es wie folgt aus: „Die Welt ist ein einziges lebendiges Wesen, ein Weltstoff und eine Weltseele. In dieses Weltbewusstsein wird alles aufgenommen, so wie alles aus ihm hervorgeht, so jedoch, dass von den Einzelwesen eines des anderen Mitursache ist und auch sonst die innigste Verknüpfung unter ihnen stattfindet." (Vgl. 115)

Die von Nietzsche geprägte Maxime entspricht nun voll und ganz der Lebensphilosophie der Stoiker. Das Ertragen zu lieben, ohne Rücksicht darauf, wie negativ es sein sollte. Diese Akzeptanz des Schicksals schafft eine innere Stärke, aus der heraus Sie tagtäglich standfest bleiben können. Denn vor dem Schicksal davonzulaufen, bedeutet Schwäche kultivieren. Und wer Schwäche kultiviert, wer sie fördert, wer sie vermehrt, erleidet immer mehr Verluste.

Akzeptieren Sie das, was ist. Die Stoiker nennen das die „Kunst der Fügung". Fügen Sie sich den Ereignissen und versuchen Sie, sie für sich positiv zu nutzen. Seneca resümierte: „Wie töricht es ist, Pläne für das ganze Leben zu machen, da wir noch nicht einmal Herren des morgigen Tages sind." (Vgl. 116)

Der zweite Schritt besteht darin, das, was Ihnen widerfährt, nicht nur zu akzeptieren, es geschehen zu lassen, sondern es auch liebend zu umarmen. Dieser Prozess ist Amor Fati. Erfreuen Sie sich an den Zuständen, wie Sie sind, und lassen Sie sich nicht von unrealistischen Wünschen und Hoffnungen ablenken und zu Affekthandlungen verleiten, dann schaffen Sie auch gleichzeitig eine Resilienz. Akzeptierend loslassen ist dann nicht nur Amor Fati, sondern auch Armor Fati. Das ist der Schutz, den Ihnen das Schicksal, das Sie lieben, als Gegenleistung bietet.

Einst wütete ein schrecklicher Sturm, der den ganzen Ozean aufwühlte. Gewaltige, zig Meter hohe Wellen peitschten auf das Land ein und brachen sich mit lautem Getöse am Strand. Doch dann flaute der Sturm wieder ab, die grauen Wollen verschwanden und gaben die Sicht frei auf einen wolkenlosen Himmel. Der Sturm hatte aber seine Spuren am Strand hinterlassen. Man konnte Tausende Seesterne finden, die von den tosenden Wellen herangespült worden waren. Das wusste auch ein Junge, der nach Stürmen immer zum Strand herunterlief und nach Seesternen suchte, um sie wieder ins Meer zurückzuwerfen.

Eines Tages, als er wieder Seesterne ins Meer warf, kam ein älterer Mann des Wegs und sprach den Jungen an: „Was bist Du für ein dummer Junge! Was machst Du denn da? Das hat doch keinen Sinn. Der Strand ist kilometerlang und übersät mit Seesternen. Willst Du die alle ins Meer zurückwerfen? Das wirst Du niemals schaffen. Und selbst wenn Du es schaffen würdest, es würde nichts ändern."

Daraufhin blickte der Junge den älteren Mann erstaunt an und hob den nächsten Seestern vom Boden auf. Bevor er ihn wieder zurück ins Meer warf, sagte er zu ihm: „Für diesen Seestern wird sich etwas ändern."

> *Nichts ist von Dauer, nur die Veränderung selbst.*

Viele Menschen blicken in die Welt hinaus mit der Hoffnung, dass die Dinge besser werden. Nicht wenige engagieren sich aktiv dafür, die Welt zu verbessern, sie schöner und lebenswerter zu machen. Sie stellen sich dabei oft als die großen Problemlöser dar oder werden so dargestellt. Ihre Ziele zum Wohle der Allgemeinheit sind dabei hochgesteckt, manchmal so hochgesteckt, dass sie sie selbst kaum mehr erkennen können.

Als Stoiker stellen Sie sich beobachtend die Frage, wie es dann z. B. kommt, dass der Zusammenhalt in der Gesellschaft immer mehr schwindet und jeder zunehmend der Feind seines Nachbarn wird und es immer mehr Konflikte auf der Welt gibt. Es ist unübersehbar, dass es hier eine starke Diskrepanz zwischen dem Wunsch, die Welt in einen lebens- und liebenswerten Ort zu verwandeln, und dem Ergebnis des Handelns und des Einsatzes vieler Menschen gibt. Und Sie werden an folgende Worte Senecas erinnert: „Die natürlichen Bedürfnisse haben ihre Grenzen, die aus einem Wahn entstandenen finden kein Ende." (Vgl. 117)

Nach Überzeugung des Stoikers ist es nicht möglich, die Welt zu verändern, ohne sich selbst vorher zu verändern. Wer die Welt also zu einem besseren Ort machen will, ohne sich zuvor selbst im Sinne der Stoa zu einem guten und gerecht handelnden Menschen gemacht zu haben, ähnelt einem Arbeiter, der mit den falschen Werkzeugen an die Arbeit geht und sich darüber wundert, warum er nichts zustande bringen kann. Aus diesem Grunde kommen jene, die sich vornehmen, alles anders zu machen, ohne im stoizistischen Sinne anders zu sein, eigentlich immer zu demselben Ergebnis. Und das unterscheidet sich in nichts von dem, was bereits existiert.

So ist die Welt leider angefüllt von zahllosen eitlen Wunschvorstellungen, die an der Grundprämisse der Stoa scheitern: Man kann nur das verändern, was man auch selbst kontrollieren kann. Dieser Ansicht war auch der berühmte russische Dramatiker Leo Tolstoi: „Alle wollen die Welt ändern, aber keiner sich selbst." (Vgl. 118)

Wenn jeder nur das tut, was er wirklich kann und darüber keine Wünsche hat, wäre die Welt ein besserer Ort. Ganz im Sinne von Mahatma Gandhi, der einmal sagte: „Sei du selbst die Veränderung, die du dir wünschst für diese Welt." (Vgl. 119)

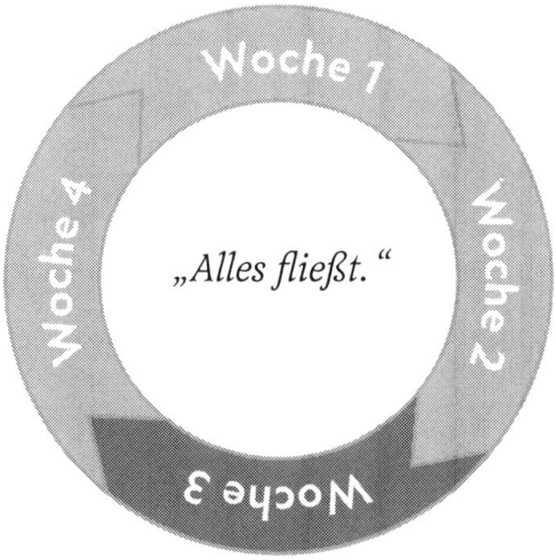

Ein Mann, der immer mit vielen verschiedenen Dingen sehr beschäftigt war und von manchen sogar als Workaholic bezeichnet wurde, wurde einmal nach der Quelle seines beständigen Glücks gefragt.

Auf die Frage, warum er trotz seiner Geschäftigkeit immer so glücklich war, antwortete er: „Wenn ich laufe, dann laufe ich, wenn ich ruhe, dann ruhe ich, wenn ich arbeite, dann arbeite ich, wenn ich zufrieden bin, bin ich zufrieden.“

Die Menschen, die ihn gefragt hatten, belächelten seine Antwort, fielen ihm sogar ins Wort und sagten: „Das ist auch das, was wir tun. Aber was ist es, dass Du noch darüber hinaus tust?“

Ruhig antwortete der Mann erneut auf die Frage und sagte: „Wenn ich laufe, dann laufe ich, wenn ich ruhe, dann ruhe ich …“

Wiederum waren die Fragesteller nicht mit der Antwort zufrieden, wurden unruhig und erwiderten: „Genau das tun wir aber eben auch!“

Der Mann aber führte daraufhin aus: „Nein … denn wenn Ihr ruht, dann arbeitet Ihr schon, wenn Ihr arbeitet, dann habt Ihr Euer Ziel schon erreicht und seid zufrieden.“

„Sein ist der einzige Weg, der zum Tun führt."

Es war der von dem griechischen Philosophen Heraklit geprägte Sinnspruch „Panta rhei", der zu einem Leitsatz einer gesamten Philosophie werden sollte. Er bedeutet aus dem Altgriechischen übersetzt „Alles fließt" und soll auf eine Schrift Platons zurückgehen. (Vgl. 120)

Alles fließt! Als Stoiker sind Sie sich bewusst darüber, denn Sie leben diesen Zustand nach Möglichkeit jeden Tag: Alles ist in einem beständigen Wandel begriffen, den Sie akzeptieren. Gerade, wenn sich das Jahr seinem Ende nähert und sich das Leben nach und nach von außen nach innen verlagert, ist es umso mehr an der Zeit, an das zu denken, was Marcus Aurelius sagte: „Kein Mensch steigt zweimal in denselben Fluss." (Vgl. 121)

Jeder neue Tag, jeder neue Monat, jedes neue Jahr bringt auch neue Herausforderungen, die Sie auf stoizistische Weise meistern müssen. Als Stoiker halten Sie nicht an den flüchtigen Dingen fest, hängen ihnen nicht nach, sondern lassen sie ziehen. Dieser praktischen Denk- und Handlungsweise liegt die kosmologische Erkenntnis zugrunde, dass die Ursachen der Welt immer wieder neue Gestalt annehmen.

Die Erkenntnis von „Panta rhei" umfasst letztlich nicht nur die Einsicht in diese Kausalitäten, sondern auch die Erkenntnis, dass es in diesem beständigen Fluss des Lebens eigentlich auch keine Zeit gibt. Denken Sie an den Weisheitsspruch der Taoisten: „Laufe nicht der Vergangenheit nach. Verliere dich nicht in der Zukunft. Die Vergangenheit ist nicht mehr. Die Zukunft noch nicht gekommen. Das Leben ist hier und jetzt." (Vgl. 122)

Die Wahrnehmung der Zeit ist eine Funktion des menschlichen Bewusstseins. Sie ist spezifisch „menschlich". Tiere nehmen Zeit anders wahr, wenn sie überhaupt ein vergleichbares Zeitbewusstsein besitzen. Zeit entsteht durch die Interaktion des individuellen Bewusstseins mit den multiplen Aspekten biologischer Wandelbarkeit. Diese Interaktion ist, so real sie auch erscheinen mag, letztlich eine Illusion.

Leben Sie im Fluss des Lebens, ist jeder Augenblick gegenwärtig. Gedanken an die Vergangenheit, an das, was Sie nicht mehr ändern können, und an die Zukunft, an das, was Sie in der Regel gar nicht beeinflussen können, lehnt der Stoiker darum ab. Machen Sie es sich also zu einer Übung, sich voller Vertrauen an Ihr Schicksal vom Fluss des Lebens tragen zu lassen, und vermeiden Sie dabei die Ängste vor den Untiefen des Alltags.

Dies ist die Geschichte des Ölbaums und des Schilfrohrs, die darüber stritten, wer stärker und fester sein würde. So verspottete der Ölbaum das Schilfrohr und sagte, es sei zerbrechlich, schwach und würde sich nach dem Willen des Windes in alle Richtungen hin und her bewegen lassen. Als das Schilfrohr den Spott vernahm, schwieg es.

Dann plötzlich wurde der Wind stärker und schon bald wütete ein schwerer Sturm. Das Schilfrohr wurde vom Wind hin und her geschüttelt, gab aber dem Willen des Windes immer nach und nahm aus diesem Grunde keinen Schaden. Anders erging es dem Ölbaum. Der Ölbaum, der sich seiner Stärke gerühmt hatte, stemmte sich dem Sturm mit aller Kraft entgegen, brach und fiel schließlich um.

„*Glücklich sein und naturgemäß leben, ist ein und dasselbe.*“

Wenn das Jahr sich dem Ende neigt, werden die Tage kürzer. Die Sonne ist immer weniger zu sehen, immer grauer wird der Himmel. Denken Sie über diese Phänomene der Natur nach und machen Sie es den antiken Stoikern nach, die ihre Erkenntnisse auch aus der einfachen Naturbeobachtung erwarben.

Die meisten Menschen haben es verlernt, auf die Natur zu achten. Sie ist für sie zu einem bloßen Beigeschmack des Lebens geworden. Der berühmte Schweizer Psychologie C.G. Jung fasste das Dilemma einmal wie folgt zusammen: „Durch das wissenschaftliche Verständnis ist unsere Welt entmenschlicht worden. Der Mensch steht isoliert im Kosmos da. Er ist nicht mehr in die Natur verwoben und hat seine emotionale Anteilnahme an Naturereignissen, die bis dahin eine symbolische Bedeutung für ihn gehabt hatten, eingebüßt." (Vgl. 123)

Von der Natur lernen Sie, wie gelehrt und gelernt werden muss, woraus sich für die antiken Philosophen bestimmte unverrückbare Prinzipien und Grundsätze ergaben. Viele Menschen lassen sich von einem verhangenen Himmel mit dichten Wolken deprimieren. Der Stoiker, der im Wandel lebt, nimmt dies mit Gleichmut hin, denn er weiß, dass auch nach Wolken, Wind und Regen wieder ein blauer Himmel erscheinen wird.

Im Wandel leben, heißt aber auch, sich immer dann auf die Widrigkeiten des Lebens vorzubereiten, wenn andere nicht daran denken. Treffen Sie mental gedanklich Ihre Vorbereitungen am besten auch immer dann, wenn die Sonne gerade scheint. Das äußere Licht lädt Sie geradezu dazu ein, nach innen zu gehen und Ihr inneres Licht zu erfahren. Warum aber diese Vorbereitungen treffen, mögen Sie sich fragen, wo doch alles im Wandel ist? Der Grund ist einfach:

Kein Mensch kann wissen, wann eine Lebensprüfung erfolgt. Vergleichen Sie sich mit den Wassern eines Baches, die über viele spitze Steine und kantige Felsen fließen müssen, dennoch aber nicht ihren Weg verfehlen. Doch bei alledem gilt es, immer zu bedenken, was Seneca schrieb: „Hör auf zu hoffen und du wirst aufhören, dich zu ängstigen." (Vgl. 124)

DEZEMBER

Lasst uns unseren Verstand so vorbereiten, als seien wir am Ende unseres Lebens angekommen. Lasst uns nichts verschieben.

– Seneca (Vgl. 125)

Eines Tages kamen drei junge Frauen zum Wasserschöpfen zu einem alten Ziehbrunnen, an dem sich ein alter Mann ausruhte. Sie unterhielten sich über ihre Söhne und er hörte ihnen zu.

Eine der Frauen sagte: „Also mein Junge ist viel geschickter und wendiger als alle anderen Jungen im Dorf." Daraufhin erwiderte die zweite der drei Frauen: „Mein Sohn hat die wunderschöne Stimme einer Nachtigall. Jeder, der sie hört, ist ergriffen." Die dritte der drei Frauen sagte nichts, woraufhin die anderen beiden wissen wollten: „Warum schweigst du?". Sie antwortete: „Mein Junge ist ein ganz gewöhnliches Kind. Er hat keine besonderen Talente. Ich hoffe aber, dass aus ihm ein guter Mensch wird."

Dann begannen die drei Frauen damit, ihre Schöpfeimer mit Wasser zu füllen, und gingen zurück zu ihren Höfen. Der alte Mann entschloss sich, hinter ihnen herzugehen. Schon bald mussten die Frauen wegen der Last der Schöpfeimer, die sie trugen, eine Pause einlegen.

Auf einmal sah der alte Mann, wie ihre Söhne auf sie zuliefen. Die erste Junge legte seine Hände auf den Boden und schlug ein Rad. „Oh, wie geschickt dein Sohn ist", riefen die Frauen seiner Mutter zu. Dann begann der zweite der drei Jungen zu singen und seine Stimme klang tatsächlich wie die einer Nachtigall. Als die Frauen dies hörten, traten ihnen Tränen in die Augen. Der Junge der Mutter, die zuvor geschwiegen hatte, nahm, ohne etwas zu sagen, die Schöpfeimer seiner Mutter und trug sie zurück zu ihrem Hof.

Als die drei Frauen nun den alten Mann in ihrer Nähe bemerkten, fragten sie: „Siehst du, das sind unsere Söhne. Was hältst du von ihnen?" Der alte Mann lächelte und erwiderte: „Söhne? Wieso Söhne? Ich habe nur einen Sohn gesehen."

> ## „Wer seine Zeit verschwendet, biedert sich dem Tod früher an, als es sein muss."

Wie können die Stoiker sagen, man solle keine Zeit verschwenden, wenn es doch eigentlich nur eine Illusion ist? Zeit ist das Medium, in dem sich das Leben entfaltet, von Anfang bis Ende. Das bedeutet, dass Zeit auch das Medium für die Entfaltung Ihres persönlichen Schicksals ist. Ohne Zeit gäbe es keinen individuellen Schicksalsweg, auch den Ihren nicht. Somit ist die Zeit eine wichtige Komponente, um Ihren Platz im Leben aufzufüllen und Ihren Aufgaben und Pflichten gerecht zu werden. Das bedeutet auch, dass Sie die Zeit, die Sie haben, schätzen müssen.

Verschwenden Sie sie darum nicht! Wie oft schon haben Sie morgens über Ihren Alltag nachgedacht, an die vielen Telefonate, die Sie führen müssen, an die zahlreichen Termine, die Sie wahrnehmen müssen. Es kam Ihnen vor, als würde Sie das Schicksal geradezu von den wesentlichen Dingen des stoizistischen Lebenswandels abhalten wollen. Umso missmutiger gingen Sie in den Tag. Seneca wusste darüber zu berichten: „Ein Teil unserer Zeit wird uns offen geraubt, ein Teil uns heimlich entzogen, und ein dritter verflüchtigt sich. Am schimpflichsten aber ist derjenige Verlust, der auf Rechnung der eigenen Nachlässigkeit kommt." (Vgl. 126)

Natürlich müssen Sie Ihren Pflichten nachkommen, denn Sie tragen Verantwortung für sich selbst, für Ihre Familie oder für andere Menschen, die Ihnen nahestehen. So erfordert es eine ganz besondere Disziplin und Willensstärke, sich dennoch und trotz aller Ablenkungen auf das Innere zu konzentrieren und zentriert zu bleiben. Begehen Sie nicht den Fehler, materielle Dinge mehr zu schützen als Ihr inneres Wesen, Ihre Seele. Und denken Sie immer daran, dass jede Minute, die Sie sinnlos verschwenden, niemals wiedergeholt werden kann. Was vergangen, ist vergangen. Beherzigen Sie die Worte Senecas: „Jeder Tag mag so gestaltet werden, als ob er die Reihe der Tage beende und das Leben restlos erfülle. Wenn Gott uns dazu noch das Morgen schenkt, so wollen wir es frohen Herzens hinnehmen." (Vgl. 127)

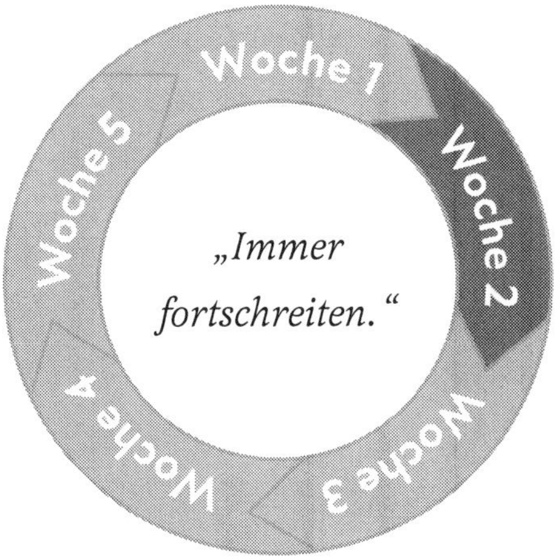

An einer Hochschule kündigte der Professor eines Tages seiner Klasse einen kurzen Test an. Er verteilte die Aufgabenblätter an jeden Studenten, wobei die Seite mit den Aufgaben nach unten zeigte. Dann, nach ein paar Minuten, begann der Test. Die Studenten drehten die Blätter um und fingen an. Doch waren alle überrascht, denn auf dem Aufgabenblatt fanden sie keine Fragen, wie es üblich ist, sondern nur einen roten Punkt in der Mitte des Blattes. Die Studenten blickten ihren Professor fragend an, der seine Studenten anwies: „Schreibt bitte auf, was auf dem Blatt zu sehen ist.“ Irritiert gingen sie an die Arbeit.

Nach einer halben Stunde war der Test vorüber und der Professor sammelte die Aufgabenblätter samt Antworten ein. Anders als sonst warf er unverzüglich einen Blick auf die Antworten seiner Studenten und las diese überraschenderweise laut vor. Die Studenten hatten ohne Ausnahme den roten Punkt in der Mitte des Aufgabenblattes beschrieben. Dabei waren sie auf Dinge wie z. B. das Verhältnis seiner Größe zum Papier oder seine mittige Position eingegangen.

Nachdem der Professor die Antworten verlesen hatte, lächelte er in den Raum und sagte: „Das war eine Aufgabe, die Euch zum Nachdenken anregen sollte. Jeder von Euch hat sich ausschließlich auf den roten Punkt konzentriert. Niemand jedoch auf das weiße Blatt Papier drumherum. Genauso ist es im Leben. Unser Leben ist wie ein weißes Blatt Papier. Wir erhalten es, um es zu gestalten und zu nutzen. Doch was tun wir? Wir beschränken uns auf die dunklen Punkte."

> *„Sich selbst zu formen bedeutet, jeden Tag hinzuzugewinnen."*

Im Stoizismus wird davon ausgegangen, dass jeder Mensch unvollkommen, sein Wesen unfertig ist. Es gab allerdings auch Stoiker, die sich mehr dem Platonismus zugeneigt fühlten und das Ziel verfolgten, ein Weiser zu werden (Vgl. 128). Es ist nun die Aufgabe, an diesem Wesen zu arbeiten, es zu vervollkommnen.

Doch dabei kennt der Stoiker keinen Perfektionsdrang. Er will nicht alles perfekt machen. Wie auch die Taoisten sagen, liegt gerade im Unvollkommenen die Schönheit der Natur, von der der Mensch lernen kann.

Doch es gibt noch einen weiteren Grund: Sie kommen unfertig in die Welt und werden diese Welt unfertig verlassen. Niemand kann alles beenden. Und dennoch sind Sie als Stoiker ein Mensch, der immer weiter fortschreitet. Und das unabhängig davon, ob Sie viel oder wenig von dem erreichen, was Sie sich vornehmen. Sie sagen sich immer: „Hoffentlich habe ich noch genügend Zeit, um dieses oder jenes zu tun." Denn das stoizistische Pflichtbewusstsein in dieser Welt endet erst mit dem physischen Tod. Lassen Sie sich also nicht davon abbringen, solange wie es Ihnen möglich ist, Fortschritte zu machen.

Dabei ist Ihnen bewusst, dass manchmal die kleinsten Schritte die größte Wirkung haben können. Geben Sie sich also immer auch mit den kleinen Dingen zufrieden. Fortschritt bedeutet inneres Wachstum für Sie. Die Stoiker bezogen dieses Wachstum auf den Begriff „Ethos", was mit „Charakter" wiedergegeben wird. So sollten Sie, egal wie alt Sie sind, wie krank Sie sind, jeden Tag mit der innigen Hoffnung beginnen, ihn auf für Sie ideale Weise beenden zu können. Marcus Aurelius schrieb zu dieser Art der stoizistischen Lebensführung: „So entwickelt man einen perfekten Charakter, indem man jeden Tag verbringt, als sei es der Letzte, ohne Hast, ohne Faulheit, ohne Vortäuschung." (Vgl. 129)

Ein Vater und sein Sohn begaben sich einmal auf eine Wanderung durch die Berge. Ganz plötzlich geschah es, dass der Sohn hinfiel und sich eine Knöchelverletzung zuzog, sodass er laut aufschreien musste: „Aua Aua!" Die Stimme, die er daraufhin hörte, war nicht die seines Vaters, sondern es war eine Stimme, die aus den Bergen an seine Ohren drang: „Aua Aua!" Der Junge vergaß den Schmerz und fragte neugierig: „Wer schreit dann da?" Abermals vernahm der die Stimme, die rief: „Wer schreit denn da?" Der Junge war verblüfft und rief der Stimme zu: „Du bist super!" Die Stimme erwiderte: „Du bist super!" Als er das vernahm, war der Junge augenblicklich erbost darüber, dass er offenbar verspottet wurde, sodass er in die Berge rief: „Du Blödmann!" Die Antwort kam sofort: „Du Blödmann!"

Dann fragte der Junge seinen Vater: „Was ist das?" Der Vater lächelte verschmitzt und erklärte: „Das ist das Echo, mein Sohn. Es ist wie im Leben. Alles, was wir sprechen, kehrt auf eine Weise zu Dir zurück, denn nichts im Leben ist zufällig."

Dieses Ereignis blieb dem Jungen im Gedächtnis und als er erwachsen war, erinnerte er sich immer wieder an die Worte, die damals sein Vater zu ihm gesprochen hatte.

„Der Tod bringt das Ende der Dienstbarkeit des Fleisches."

Alle Materie, ob belebt oder nicht, ist endlich in ihrer Existenz. Aus diesem Grunde ist die Sterblichkeit eines jeden Menschen für den Stoiker der Grund, sich selbst zu erkennen, bevor er stirbt. In der islamischen Mystik nennt man das den „Tod vor dem Tod". Das bedeutet, dass der Mensch auf dem Weg seiner inneren Vervollkommnung den materiellen Dingen entsagt, auf diese Weise der äußeren Welt gegenüber stirbt, obwohl er noch am Leben ist (Vgl. 130). So wird die eigene Sterblichkeit zum Lebensgrund und Lebensziel. Seneca drückte es so aus: „Der Tod liegt schwer auf dem, der anderen gut bekannt ist, aber sich selbst nicht kennt." (Vgl. 131)

Damit will der Philosoph sagen, dass ein Mensch, der eng mit der äußeren materiellen Welt verhaftet ist, in ihr allein sein Glück sucht, einen schweren Tod haben wird. Der Stoiker dagegen trennt sich vor der Trennung, die der Tod bedeutet, von den Dingen. Dadurch kehrt er in sich ein und wird in die Lage versetzt, sich selbst zu erkennen. Marcus Aurelius schrieb: „Nicht den Tod sollte man fürchten, sondern dass man nie beginnen wird, zu leben ... Der Tod ist ebenso wie die Geburt ein Geheimnis der Natur, hier Verbindung, dort Auflösung derselben Grundstoffe." (Vgl. 132)

Nehmen Sie diese ultimative Herausforderung an, akzeptieren Sie das Schicksal bis zum letzten Tag in dieser Welt. Wer sich vom Tod verängstigen lässt, wird ihn umso schmerzhafter erfahren müssen. Dem Stoiker ist bewusst, dass es keine Flucht gibt. Wohl aber gibt es beständigen Wandel, bis in den Tod und über den Tod hinaus: „Verachte den Tod nicht, vielmehr sieh ihm mit Ergebung entgegen, als einem Gliede in der Kette der Veränderungen, die dem Willen der Natur gemäß sind." (Vgl. 133)

Es war vor langer langer Zeit, da die Götter sich überlegten, dass es nicht vorteilhaft wäre, wenn der Mensch die ganze Weisheit des Kosmos entdecken würde, bevor er die notwendige Reife dazu hätte. So trafen sie den Entschluss, die Weisheit des Kosmos an einem sicheren Ort vor dem Menschen zu verbergen. Er würde sie erst dann finden, wenn er selbst zu einem Gefäß der Weisheit geworden wäre. Doch wo sollte dieser Ort sein? Ein Gott hatte den Einfall, die Weisheit auf dem höchsten und unzugänglichsten Gipfel der Berge zu verstecken.

Doch die anderen Götter waren skeptisch, denn der Mensch würde schon bald in der Lage sein, auch die höchsten Berge zu besteigen, sodass dies kein sicherer Ort für die Weisheit sein würde. Ein anderer Gott dachte an die Meerestiefe als sichersten Ort. Doch auch dort würden die Menschen die Weisheit sicherlich viel zu früh finden.

Zum Schluss sprach der weiseste unter den Göttern: „Die Weisheit des Kosmos sollte dort versteckt werden, wo sie der Mensch am wenigsten sucht. Im Menschen selbst. Wenn die Menschen die notwendige Reife besitzen, werden sie den Weg in ihr Inneres finden." Begeisterung machte sich unter den Göttern breit und sie waren sich einig, dass das der sicherste Ort im Kosmos sein würde.

Angst vor dem Sterben hat nur derjenige, der nicht erkennt, dass er erst anfangen muss, zu leben.

Es ist leider zur Gewohnheit vieler Menschen geworden, sich hinter den Ansichten und Meinungen anderer Menschen zu verstecken. Alles ist besser als der eigene Standpunkt, so scheint es in vielen Fällen. Wer Eindruck bei anderen schinden will, zitiert gerne die vermeintlich großen Geister der Weltgeschichte. Damit soll die eigene Person aufgewertet werden.

Doch welchen Bestand hat diese Aufwertung vor dem unausweichlichen Schicksal? Seneca schrieb einmal: „Denn es ist schändlich, wenn ein alter Mensch, oder jemand, der sich dem Alter nähert, nur das Wissen hat, das er in seinen Notizbüchern bei sich trägt." (Vgl. 134)

Die Weisheit anderer Menschen zu benutzen, um die eigene Untätigkeit oder Faulheit zu legitimieren, ist alles andere als ein stoizistisches Verhalten. Sich im Sinne der Stoa selbst zu bekennen, bedeutet vielleicht auch das, was im religiösen Kontext oft als „Zeugnis abgeben" umschrieben wird.

Achten Sie darum auf das, was Sie tun und wie Sie es tun. Und denken Sie an die Worte von Marcus Aurelius: „Man muss sich auf etwas verlassen können, von dem man nicht verlassen wird." (Vgl. 135)

Sie selbst werden sich niemals verlassen, wenn Sie den äußeren Ablenkungen und Verführungen standfest entgegentreten. Es geht um Ihre eigenen Erfahrungen. Nur um diese, also auch nicht primär um die Erfahrungen und Weisheiten stoizistischer Philosophen. Diese hatten die Aufgabe, ihre Erkenntnisse für sich zu nutzen, so wie Sie die Aufgabe haben, Ihre Erkenntnisse zu nutzen.

Nehmen Sie die Herausforderungen an, die Ihnen das Leben stellt, und wandeln Sie Ihre Erfahrungen in Weisheit um. Dann werden vielleicht einmal auch Ihre Erkenntnisse anderen Menschen, die nach Ihnen leben, dienlich sein.

Wieder einmal saß „Swift Cloud", der weise Schamane der Lakota, mit seinem weißen Freund aus dem nahegelegenen Fort zusammen. Sie rauchten eine Friedenspfeife und Swift Cloud war bemüht, seinem Freund das Denken der Indianer seines Stammes zu erklären. Nachdem er einen Zug aus der Pfeife genommen hatte, zeigte er auf einen alten Topf, der gerade vor ihnen im Zelt auf dem Feuer stand und fragte: „Schau, was ist es, das vor Dir steht?" Sein Freund antwortete: „Ich sehe einen verbeulten Kochtopf, der vollkommen von Ruß geschwärzt ist. Er steht auf einer Feuerstelle und in ihm befindet sich brodelndes Wasser. Dampf steigt langsam aus dem Topf zur Decke des Zeltes auf. In dem heißen Wasser sind etwas Fleisch, viel Fett und einige Knochen sowie kleine Kartoffeln."

Daraufhin erwiderte Swift Cloud: „Für viele Menschen scheint dieser Topf nichts weiter als ein Behältnis zu sein, in dem sich eine leckere Fleischsuppe befindet. Wenn Du sie riechst, merkst Du, dass Du Hunger hast und sie essen willst. Aber die meisten Menschen verschwenden mit Sicherheit keine weiteren Gedanken an diesen alten verbeulten Topf." Sein Freund nickte stumm, während er an der Friedenspfeife zog.

Dann führte Swift Cloud weiter aus: „Ich bin ein Indianer und Indianer denken oft über die kleinsten und einfachsten Dinge nach. So z. B. auch über diesen Kochtopf, der vor uns steht. Welche Botschaft teilt er uns Menschen mit? Das Wasser, das in dem Topf brodelt, stammt aus einer Regenwolke, die stellvertretend für den Himmel über uns steht. Das Feuer, das das Wasser zum Brodeln bringt, stammt dagegen aus der Sonne. Sie ist es, die alles wärmt, Pflanzen, Tiere, Menschen. Einfach alles, was auf der Erde ist. Das Fleisch im Topf wiederum erinnert uns an unsere Mitgeschöpfe, die Tiere. Sie sind die Brüder der Menschen und bereit, uns als Nahrung zu dienen. Sie halten uns am Leben durch ihr Opfer. Betrachtest Du dann den Dampf, der aus dem Topf aufsteigt, so betrachtest Du gleichzeitig das Sinnbild für den Atem des Lebens. Einmal war dieser Atem Wasser aus der Wolke am Himmel, doch nun steigt er als Dampf wieder zum Himmel empor. So ist uns alles heilig. Auch das Kleinste. Und wenn ich all das bedenke, dann erinnere ich mich an die große Schöpferkraft, die uns alle am Leben erhält und mit einfachen Mitteln für uns sorgt."

Als Swift Cloud das gesagt hatte, blickten die beiden Freunde schweigend und nachdenklich dem Dampf nach, wie er durch die Decke des Zeltes himmelwärts emporstieg.

> *Wer aufhören will, sich zu fürchten, muss hoffen lernen.*

Wenn die Mediziner versuchen, das Leben von Menschen mit Apparaten zu verlängern, geschieht dies oft nicht zum Nutzen der Betroffenen. Auch das zeugt zum einen von der Missachtung des Schicksals als vorgegebener Größe und zum anderen folglich vom Verlust des richtigen Blickwinkels auf die Realität als eine Kombination aus materiellen und immateriellen Dimensionen. Wer nur die Materie sieht und bereit ist, zu gehen, wird mit der Materie auch enden. Sie können als Stoiker aber Ihr Leben verlängern, indem Sie es nutzen, Tag für Tag, Minute für Minute, indem Sie es anfüllen mit Sinn und Zweck.

Wie Seneca es ausdrückte: „Das Leben ist lang genug, und es bietet ausreichend Gelegenheit, viele großartige Dinge zu tun, wenn wir diese nutzen." (Vgl. 136)

Aus diesem Grunde ist es wichtig, dass Sie sich Zeit nehmen, sich bewusst darüber zu werden, was Ihnen wirklich wichtig ist im Leben. Wenn Sie am Ende des Jahres angekommen sind, sollten Sie sich eine Liste von Aktivitäten machen, die Sie für das kommende Jahr planen. Schreiben Sie all Ihre stoizistisch-inspirierten Vorsätze auf und definieren Sie Ihre Ziele. Schreiben Sie auf, was Sie im nächsten Jahr verbessern wollen und welche Erfolge Sie in diesem endenden Jahr gehabt haben. Versuchen Sie, sich vorzunehmen, sich im kommenden Januar um einige wesentliche Punkte in Ihrem Leben, die Sie vielleicht vernachlässigt haben, intensiver zu kümmern.

Doch seien Sie am Ende des Jahres vor allem dankbar: „Denn Dankbarkeit ist eine gute Sache, wohingegen Gerechtigkeit es eher nicht ist, da sie im Allgemeinen anderen gilt." (Vgl. 137)

Doch Ihre Dankbarkeit sollte auch immer den kleinen Dingen im Leben gelten. Vielleicht ein schöner Wintertag mit Sonne und Schnee, ausgelassenen Kindern, vielleicht das Lächeln einer Frau auf der Straße, vielleicht aber das zuvorkommende Verhalten eines Nachbarn Ihnen gegenüber.

Es gibt so viele Dinge, über die Sie dankbar sein und damit an Ihrer Seele festhalten können. Dankbarkeit gehört zum „Ethos", zum Charakter des Stoikers dazu und natürlich auch zu seiner lebenslangen Charakterbildung. Seneca schrieb: „Beim Schlafengehen sollten wir uns sagen: Ich habe gelebt und den mir vom Schicksal bestimmten Weg zurückgelegt. Wenn Gott uns noch einen Morgen schenkt, werden wir ihn mit dem Gefühl, dass uns unerwarteter Gewinn zufällt, freudig entgegennehmen." (Vgl. 138)

5. SCHLUSSWORT

Was ist es, was den Stoizismus und seine in der Antike vor mehr als 2.000 Jahren definierten Grundsätze, Leitmotive und Lebensmaxime auch heute noch so überaus attraktiv macht?

Es ist etwas, das sowohl vor zwei Jahrtausenden als auch aktuell überall und zu jeder Zeit zu finden ist …

Das Gegenwärtige!

Das Hier und Jetzt, das innerlich erfahren werden kann, ist es, das wie ein Band die Zeiten verbindet. Und es ist ein Band, das auch Menschen in weiteren 2.000 Jahren mit dem Ursprung in der griechischen und römischen Antike verbinden wird. Das Hier und Jetzt ist eine Dimension im Menschen, die der Stoiker über seine Lebensdisziplin und seinen willentlichen Fokus auf seine unveränderlichen inneren Werte erreichen kann. Damit unterscheidet sich der Stoiker von anderen Menschen, die man mit einer Person vergleichen kann, die durch eine Kameralinse schaut und ein fotografisches Abbild der materiellen Wirklichkeit erhält. Solange diese Person durch die Linse schaut, ist der Blick nach außen gerichtet, die Perspektive führt in jedem Fall von der Person weg. Und das selbst dann, wenn das größte Weitwinkelobjekt verwendet wird, das es überhaupt gibt. So weit und so groß wie die Welt „da draußen" auch erscheint, so wenig Sinn macht sie doch, wenn die Person, die durch die Linse schaut, nicht auch bereit ist, die Kamera wegzulegen und sich stattdessen selbst anzuschauen; in Ruhe und mit Muße, mit den eigenen Augen, mit dem eigenen Bewusstsein, den Fokus nach innen richtet und dabei lernt, die eigenen Gedanken zu kontrollieren: Jene Gedanken nämlich, die die äußere Welt im Gehirn abzubilden helfen.

Wenn Sie diese psycho-materielle Wechselwirkung zwischen den eigenen Gedanken und der äußeren Welt verstehen, werden Sie auch mehr über Ihr Schicksal erfahren, das von den ursächlichen Prinzipien des Kosmos in immer wieder neuen Formen abgebildet wird. Für Sie gilt es dann nur, den einen Weg in den vielen Wegen zu erkennen und mit Standfestigkeit und stoizistischer Prinzipientreue zu beschreiten.

QUELLENANGABEN

1. Nickel, Rainer (Hrsg.), „Stoa und Stoiker. Auswahl der Fragmente und Zeugnisse. Zwei Bände. Griechisch – Lateinisch – Deutsch“, Artemis & Winkler Verlag, 2009.

2. Fündling, Jörg, „Marcus Aurelius. Kaiser und Philosoph“, Primus Verlag, Darmstadt, 2008.

3. Bachtin, Michail, „Rabelais und seine Welt. Volkskultur als Gegenkultur“, Suhrkamp, Frankfurt am Main, 1987.

4. Forschner, Maximilian, „Stoa, Stoizismus“, in: Joachim Ritter (Hrsg.), „Historisches Wörterbuch der Philosophie, Band 7“, Basel und Stuttgart, 1974.

5. Forschner, Maximilian, „Die Philosophie der Stoa. Logik, Physik und Ethik“, Theiss/WBG, Darmstadt 2018.

6. Rist, John, Michael, „Stoic Philosophy“, Cambridge University Press, 1969.

7. Brennan, Tad, „The Stoic Life“, Oxford University Press, 2005.

8. Long, Anthony, Arthur, „Hellenistic Philosophoy: Stoics, Epicureans, Skeptics“, Duckworth, London, 1986.

9. Long, Anthony, Arthur, „Die hellenistischen Philosophen. Texte und Kommentare“, Metzler, Stuttgart, 2000.

10. Busch, Thomas, Weinkauf, Wolfgang, „Die Stoa. Kommentierte Werkausgabe“, Pattloch, 1994.

11. Arnim, Hans von (Hrsg.)., „Stoicum Veterum Fragmenta I-III“, Teubner, Leipzig, 1903-1905.

12. Hossenfelder, Maite (Hrsg.), „Antike Glückslehren. Quellen in deutscher Übersetzung“, Kröner, Stuttgart, 1996.

14. Inwood, Brad, „The Cambridge Companion to the Stoics.", Cambridge, 2005.

15. Sandbach, Francis, Henry, „The Stoics", Duckworth, London 1994.

16. Pohlenz, Max, „Die Stoa. Geschichte einer geistigen Bewegung", Vandenhoeck & Ruprecht, Göttingen 1992.

17. Fündling, Jörg, „Marcus Aurelius. Kaiser und Philosoph", Primus Verlag, Darmstadt, 2008.

18. Schriefl, Anna, „Stoische Philosophie. Eine Einführung", Reclam, Ditzingen, 2019.

19. Evans, Jules, „Philosophie für's Leben ... und für andere gefährliche Situationen", Lotus, 2012.

20. Lichtenberg, Johannes, „Stoizismus – Die Philosophie der Resilienz und Gelassenheit. Wie du die Lehre der Stoa im Alltag verwendest, gezielt deine Resilienz erhöhst, Gelassenheit lernst und deine Emotionen kontrollierst", KR Publishing, 2020.

21. Hossenfelderm Malte, „Die Philosophie der Antike 3: Stoa, Epikureismus und Skepsis/Geschichte der Philosophie Band III", Verlag Beck, München, 2017.

22. Ackeren, Marcel, van (Hrsg.), „Selbstbetrachtungen und Selbstdarstellungen. Die Philosoph und Kaiser Marcus Aurelius in interdiszplinärem Licht. Akten der interdisziplinären Kolliquims Köln, 23 bis 25 Juli 2009", Reichert, Wiesbaden, 2012.

23. Seneca, „Epistulae morales ad Lucilium, Text mit Wort- und Sacherläuterungen, Arbeitskommentar mit Zweittexten", Klett, 1986.

24. Ackeren, Marcel, van (Hrsg.), „A Companion to Marcus Aurelius", Blackwell, Oxford, 2012.

25. Seneca, „Epistulae morales. Exempla 12", Vandenhoech & Ruprecht, Göttingen, 2001.

26. Blank-Sangmeister, Ursula, „Seneca-Brevier", Reclam, Stuttgart, 1996.

27. Schmidt, Heinrich (Hrsg.), „Epiktet: Handbüchlein der Moral und 28. Unterredungen“, Kröner, Stuttgart, 1984.

28. Tolle, Eckkart, „Leben Im Jetzt: Lehren, Übungen und Meditationen aus „The Power of Now“, Arkana, 2002.

29. Seneca, „Epistulae morales. Exempla 12“, Vandenhoech & Ruprecht, Göttingen, 2001.

30. Hahn, Michael, „Vom rechten Leben: Buddistische Lehren aus Indien und Tibet“, Verlag der Weltreligionen im Insel-Verlag, 2007.

31. Rosenbach, Manfred, „Seneca: Philosophische Schriften, Bd. II“, Darmstadt, 1993.

32. Möller, Hans-Georg, „In der Mitte des Kreises. Daoistisches Denken“, Verlag der Weltreligionen im Insel-Verlag, 2010.

33. Epiktet, „Was von ihm erhalten ist nach den Aufzeichnungen von Arrians“, Winter, Heidelberg, 1926.

34. Reiter, Florian, C., „Taoismus zur Einführung“, Junius Verlag, 2011.

35. Nickel, Rainer (Hrsg.), „Epiktet, Teles, Musonius „Ausgewählte Schriften“, Artemis & Winkler, München u. Zürich, 1994.

36. Weeber, Karl-Wilhelm, „Diogenes. Die Botschaft aus der Tonne“, Nymphenburger, München, 1987.

37. Epiktet, „Was von ihm erhalten ist nach den Aufzeichnungen von Arrians“, Winter, Heidelberg, 1926.

38. Schmidt, Heinrich (Hrsg.), „Epiktet: Handbüchlein der Moral und 28. Unterredungen“, Kröner, Stuttgart, 1984.

39. Liessmann, Konrad, Paul, „Sören Kierkegaard zur Einführung“, Junius Verlag, 2019.

40. Dyer, Wayne, W., „Ändere Deine Gedanken – und dein Leben ändert sich: Die lebendige Weisheit des Tao“, Goldmann Verlag, 2008.

41. Hays, Gregory, „Mark Aurel: Selbstbetrachtungen: In einer Neuübersetzung von Gregory Hays“, FinanzBuch Verlag, 2020.

42. Ackeren, Marcel, van (Hrsg.), „Selbstbetrachtungen und Selbstdarstellungen. Die Philosoph und Kaiser Marcus Aurelius in interdiszplinärem Licht. Akten der interdisziplinären Kolloqiums Köln, 23 bis 25 Juli 2009“, Reichert, Wiesbaden, 2012.

43. Fündling, Jörg, „Marcus Aurelius. Kaiser und Philosoph“, Primus Verlag, Darmstadt, 2008.

44. Farnsworth, Ward, „Der praktizierende Stoiker: Ein philosophisches Handbuch für den Verstand“, FinanzBuch, 2021.

45. Corino, Karl, „Robert Musil. Eine Biographie (Rowohlt Monographie)“, Rowohlt Buchverlag, 2003.

46. Damschen, Gregor, Heil, Andreas (Hrsg.), „Brill‘s Companion to Seneca. Philosopher and Dramatist“, Brill, Leiden, 2014.

47. Nietzsche, Friedrich, „Gesammelte Werke (Anaconda Gesammelte Werke, Band 17), Anaconda Verlag, 2012.

48. Klein, Richard (Hrsg.), „Marcus Aurelius“, Wissenschaftliche Buchgesellschaft, Darmstadt, 1979.

49. Fraenkel, Eduard, „Horaz“, Wissenschaftliche Buchgemeinschaft, Darmstadt, 1983.

50. Ehrenpreis, I, „Swift. The Man, His Works, and the Age“, London, 1962-1983.

51. Hossenfelderm Malte, „Die Philosophie der Antike 3: Stoa, Epikureismus und Skepsis/Geschichte der Philosophie Band III“, Verlag Beck, München, 2017.

52. Rosenbach, Manfred, „Seneca: Philosophische Schriften, Bd. II“, Darmstadt, 1993.

53. Ackeren, Marcel, van (Hrsg.), „Selbstbetrachtungen und Selbstdarstellungen. Die Philosoph und Kaiser Marcus Aurelius in interdiszplinärem Licht. Akten der interdisziplinären Kolliquims Köln, 23 bis 25 Juli 2009“, Reichert, Wiesbaden, 2012.

54. Grieb, Volker (Hrsg.), „Marcus Aurelius – Wege seiner Herrschaft“, Computus, Gutenberg, 2017.

55. Hossenfelder, Maite (Hrsg.), „Antike Glückslehren. Quellen in deutscher Übersetzung", Kröner, Stuttgart, 1996.

56. Bielschowsky, Albert, „Goethe, sein Leben und seine Werke, 2 Bände", C.H. Beck, München, 1925.

57. Long, Anthony, Arthur, „Die hellenistischen Philosophen. Texte und Kommentare", Metzler, Stuttgart, 2000.

58. Klein, Richard (Hrsg.), „Marcus Aurelius", Wissenschaftliche Buchgesellschaft, Darmstadt, 1979.

59. Todd, Olivier, „Albert Camus. Ein Leben", Rowohlt, Reinbek, 1999.

60. Busch, Thomas, Weinkauf, Wolfgang, „Die Stoa. Kommentierte Werkausgabe", Pattloch, 1994.

61. Fündling, Jörg, „Marcus Aurelius. Kaiser und Philosoph", Primus Verlag, Darmstadt, 2008.

62. Lichtenberg, Johannes, „Stoizismus – Die Philosophie der Resilienz und Gelassenheit. Wie du die Lehre der Stoa im Alltag verwendest, gezielt deine Resilienz erhöhst, Gelassenheit lernst und deine Emotionen kontrollierst", KR Publishing, 2020.

63. Long, Anthony, Arthur, „Die hellenistischen Philosophen. Texte und Kommentare", Metzler, Stuttgart, 2000.

64. Schmidt, Heinrich (Hrsg.), „Epiktet: Handbüchlein der Moral und 28. Unterredungen", Kröner, Stuttgart, 1984.

65. Fischer, Theo, „Tao heißt Leben, was andere träumen", Rowohlt Taschenbuch, 2010.

66. Schmidt, Heinrich (Hrsg.), „Epiktet: Handbüchlein der Moral und 28. Unterredungen", Kröner, Stuttgart, 1984.

67. Dyer, Wayne, W., „Ändere deine Gedanken – und dein Leben ändert sich: Die lebendige Weisheit des Tao", Goldmann Verlag, 2008.

68. Rechenauer, Georg, „Demokrits Seelenmodel und die Prinzipien der atomistischen Physik", In: Frede, Dorotha, Reis, Burkhard (Hrsg.), „Body and Soul in Ancient Philosophy", De Gruyter, 2009.

69. Blank-Sangmeister, Ursula, „Seneca-Brevier", Reclam, Stuttgart, 1996.

70. Barraux, Roland, „Die Geschichte des Dalao Lama. Göttliches Mitleid und irdische Politik", Komet, Frechen, 2000.

71. Rosenbach, Manfred, „Seneca: Philosophische Schriften, Bd. II", Darmstadt, 1993.

72. Farnsworth, Ward, „Der praktizierende Stoiker: Ein philosophisches Handbuch für den Verstand", FinanzBuch, 2021.

73. Busch, Thomas, Weinkauf, Wolfgang, „Die Stoa. Kommentierte Werkausgabe", Pattloch, 1994.

74. Schwaller de Lubicz, R.A., „Nature Word", Inner Traditions, 1985.

75. Long, Anthony, Arthur, „Die hellenistischen Philosophen. Texte und Kommentare", Metzler, Stuttgart, 2000.

76. Klein, Richard (Hrsg.), „Marcus Aurelius", Wissenschaftliche Buchgesellschaft, Darmstadt, 1979.

77. Ackeren, Marcel, van (Hrsg.), „A Companion to Marcus Aurelius", Blackwell, Oxford, 2012.

78. Franz, Kafka, „Gesammelte Werde (Anaconda Gesammelte Werke, Band 15)", Anaconda Verlag, 2012.

79. Seneca, „Epistulae morales. Exempla 12", Vandenhoech & Ruprecht, Göttingen, 2001.

80. Ackeren, Marcel, van (Hrsg.), „A Companion to Marcus Aurelius", Blackwell, Oxford, 2012.

81. Dyer, Wayne, W., „Ändere deine Gedanken – und dein Leben ändert sich: Die lebendige Weisheit des Tao", Goldmann Verlag, 2008.

82. Seneca, „Epistulae morales. Exempla 12", Vandenhoech & Ruprecht, Göttingen, 2001.

83. Bielschowsky, Albert, „Goethe, sein Leben und seine Werke, 2 Bände", C.H. Beck, München, 1925.

84. Farnsworth, Ward, „Der praktizierende Stoiker: Ein philosophisches Handbuch für den Verstand“, FinanzBuch, 2021.

85. Rosenbach, Manfred, „Seneca: Philosophische Schriften, Bd. II“, Darmstadt, 1993.

86. Blank-Sangmeister, Ursula, „Seneca-Brevier“, Reclam, Stuttgart, 1996.

87. Forschner, Maximilian, „Stoa, Stoizismus“, in: Joachim Ritter (Hrsg.), „Historisches Wörterbuch der Philosophie, Band 7“, Basel und Stuttgart, 1974.

88. Appel, Sabine, „Arthur Schopenhauer, Leben und Philosophie“, Artemis & Winkler, Düsseldorf, 2007.

89. Gebhardt, Armin, „Eichendorff. Die letzte Romantiker“, Tectum, Marburg, 2003.

90. Seneca, „Epistulae morales. Exempla 12“, Vandenhoech & Ruprecht, Göttingen, 2001.

91. Ackeren, Marcel, van (Hrsg.), „A Companion to Marcus Aurelius“, Blackwell, Oxford, 2012.

92. Seneca, „Epistulae morales ad Lucilium, Text mit Wort- und Sacherläuterungen, Arbeitskommentar mit Zweittexten“, Klett, 1986.

93. Blank-Sangmeister, Ursula, „Seneca-Brevier“, Reclam, Stuttgart, 1996.

94. Rosenbach, Manfred, „Seneca: Philosophische Schriften, Bd. II“, Darmstadt, 1993.

95. Klein, Richard (Hrsg.), „Marcus Aurelius“, Wissenschaftliche Buchgesellschaft, Darmstadt, 1979.

96. Seneca, „Epistulae morales ad Lucilium, Text mit Wort- und Sacherläuterungen, Arbeitskommentar mit Zweittexten“, Klett, 1986.

97. Robinson, Thomas, M., „Heraclitus: Fragments“, University of Toronto Press, 1987.

98. Rübesamen, Anneliese, „Arabische Weisheiten – Vom Zauber alter Zeiten“, Anaconda, 2016.

99. Bees, Robert, „Zenon‘s Politeia“, Leiden, 2011.

100. Long, Anthony, Arthur, „Die hellenistischen Philosophen. Texte und Kommentare“, Metzler, Stuttgart, 2000.

101. Sandbach, Francis, Henry, „The Stoics“, Duckworth, London 1994.

102. Seneca, „Epistulae morales. Exempla 12“, Vandenhoech & Ruprecht, Göttingen, 2001.

103. Busch, Thomas, Weinkauf, Wolfgang, „Die Stoa. Kommentierte Werkausgabe“, Pattloch, 1994.

104. Grieb, Volker (Hrsg.), „Marcus Aurelius – Wege seiner Herrschaft“, Computus, Gutenberg, 2017.

105. Altes Testament, 2. Mose 7, 14-11, 10.

106. Beutin, Wolfgang, „Der radikale Doktor Martim Luther. Ein Streit- und Lesebuch“, Peter Lang, Frankfurt am Main, 2016.

107. Robinson, Thomas, M., „Heraclitus: Fragments“, University of Toronto Press, 1987.

108. Wirtz, Otto, „Das poetologische Theater Jean Cocteaus“, Droz, Genf, 1972.

109. Grimal, Pierre, „Cicero: Philosoph, Politiker, Rhetor“, List, München, 1988.

110. Fischer, Theo, „Tao heißt Leben, was andere träumen“, Rowohlt Taschenbuch, 2010.

111. Bauer, Walter, „Der Gesang vom Sturmvogel. Über Saint-Exupery“, Trüjen, Bremen, 1949.

112. Neues Testament, Galater 6,7.

113. Geier, Manfred, „Kants Welt. Eine Biografie“, Rowohlt, 2003.

114. Knoll, Manuel, Stocker, Barry (Hrsg.), „Nietzsche as Political Philosopher“, Berlin u. Bosten, 2014.

115. Ackeren, Marcel, van (Hrsg.), „A Companion to Marcus Aurelius“, Blackwell, Oxford, 2012.

116. Rosenbach, Manfred, „Seneca: Philosophische Schriften, Bd. II“, Darmstadt, 1993.

117. Blank-Sangmeister, Ursula, „Seneca-Brevier“, Reclam, Stuttgart, 1996.

118. Bartlett, Rosamund, „Tolstoy. A Russian Life“, London, 2010.

119. Deats, Richard, „Mahatma Gandhi. Ein Lebensbild“, Verlag Neue Stadt, München, 2005.

120. Robinson, Thomas, M., „Heraclitus: Fragments“, University of Toronto Press, 1987.

121. Ackeren, Marcel, van (Hrsg.), „A Companion to Marcus Aurelius“, Blackwell, Oxford, 2012.

122. Dyer, Wayne, W., „Ändere deine Gedanken – und dein Leben ändert sich: Die lebendige Weisheit des Tao“, Goldmann Verlag, 2008.

123. Brumlik, Micha,“C.G. Jung zur Einführung“, Junius, Hamburg, 2004.

124. Long, Anthony, Arthur, „Die hellenistischen Philosophen. Texte und Kommentare“, Metzler, Stuttgart, 2000.

125. Rosenbach, Manfred, „Seneca: Philosophische Schriften, Bd. II“, Darmstadt, 1993.

126. Seneca, „Epistulae morales ad Lucilium, Text mit Wort- und Sacherläuterungen, Arbeitskommentar mit Zweittexten“, Klett, 1986.

127. Blank-Sangmeister, Ursula, „Seneca-Brevier“, Reclam, Stuttgart, 1996.

128. Busch, Thomas, Weinkauf, Wolfgang, „Die Stoa. Kommentierte Werkausgabe“, Pattloch, 1994.

129. Grieb, Volker (Hrsg.), „Marcus Aurelius – Wege seiner Herrschaft“, Computus, Gutenberg, 2017.

130. Schimmel, Annemarie, „Sufismus: Eine Einführung in die islamische Mystik (Bech'sche Reihe)", C.H. Beck, 2014.

131. Schmidt, Heinrich (Hrsg.), „Epiktet: Handbüchlein der Moral und 28. Unterredungen", Kröner, Stuttgart, 1984.

132. Arnim, Hans von (Hrsg.)., „Stoicum Veterum Fragmenta I-III", Teubner, Leipzig, 1903-1905.

133. Hays, Gregory, „Mark Aurel: Selbstbetrachtungen: In einer Neuübersetzung von Gregory Hays", FinanzBuch Verlag, 2020.

134. Rosenbach, Manfred, „Seneca: Philosophische Schriften, Bd. II", Darmstadt, 1993.

135. Grieb, Volker (Hrsg.), „Marcus Aurelius – Wege seiner Herrschaft", Computus, Gutenberg, 2017.

136. Forschner, Maximilian, „Stoa, Stoizismus", in: Joachim Ritter (Hrsg.), „Historisches Wörterbuch der Philosophie, Band 7", Basel und Stuttgart, 1974.

137. Forschner, Maximilian, „Die Philosophie der Stoa. Logik, Physik und Ethik", Theiss/WBG, Darmstadt 2018.

138. Rosenbach, Manfred, „Seneca: Philosophische Schriften, Bd. II", Darmstadt, 1993.